こうすればうまくいく！

イラストで
すぐにわかる
対応法

ADHDのある子どもの保育

水野智美 著・徳田克己 監修

中央法規

はじめに

　私たちは、日常的に幼稚園や保育所を訪問し、先生方の相談に応じる活動をしていますが、どの園にも気になる子どもがいます。そのなかでも、特に先生方が対応に困難を感じているのが、落ち着きがなく、すぐに友だちとトラブルになってしまったり、危険な行為をしてしまったりする子ども、いわゆるADHDのある子どもです。

　ADHDとは、Attention Deficit Hyperactivity Disorderの略語で、日本語では「注意欠如多動症」「注意欠如多動性障害」「注意欠陥多動性障害」などと言われます。「障害」とつくことによって、保護者に不安や誤解を与えてしまうことから、現在では、医師が子どもを診断する場合に、「ADHD」あるいは「注意欠如多動症」が使われることが増えてきました。この本でも、ADHDと表記することにします。

ADHDのある子ども（この本では、ADHDの子どもと書きます）を保育するには、コツが必要です。強く叱って指示に従わせようとすると、子どもに大きな負担がかかり、後に二次的な問題が生じてきます。子どもが二次的な問題を起こさず、持てる力を存分に発揮して、園や学校、家庭での生活を楽しく送るための方法を先生方に伝えたいと思い、本書を作成することにしました。

　この本では、ADHDの診断を受けていなくても、先生が保育をするなかで、ADHDの傾向があるのではないかと感じる子どもを含めています。たとえば、「落ち着きがない」「気持ちのコントロールが苦手である」「すぐに友だちをたいてしまう」「集中力が途切れやすい」などの特徴が強くみられるケースです。このような子どもたちに、「コツ」をもって対応することによって、子どもが落ち着いて先生の話を聞けるようになったり、子ども自身で気持ちのコントロールができるようになったりするのです。

　本書は、ADHDの子どもの事例を用いながら、その子どもや保護者、周囲の子どもたちにどのように対応することが望ましいのかをクイズ形式で考えられるように構成しています。クイズに答えながら、ADHDの子どもへの日頃の対応が適切であったのか、なぜその対応をする必要があるのかを確認してください。本書によって、先生方が自信をもって保育にあたることができることを心から願っております。

2017年 4月
水野智美・徳田克己

目次

第1章 ADHDのある子どもの保育の基本

1 ADHDのある子どもとは 2
2 ADHDに併存しやすい障害や病気 8
3 ADHDの子どもに処方される薬 10
4 不適切な対応が招く二次障害 12
5 就学に向けて、どのような情報を小学校と共有すべきか 14

Column
3歳未満の子どもに落ち着きがない場合にも対応は必要か 16

第2章 ADHD〈衝動型〉の子どもの保育

1 ADHD〈衝動型〉の子どもへの対応の基本 18
2 ADHD〈衝動型〉の子どもへの具体的な対応 21
  1. 友だちをたたいてしまう 21
  2. 座っていられない 23
  3. 順番を待つことができない 25
  4. 部屋を飛び出してしまう 27
  5. 道路に飛び出してしまう 29
  6. 思いついたことを言ってしまう 31
  7. 興奮しやすく、おさまらない 33

Column
クレヨンしんちゃんを見て興奮する子ども 35
+Point
子ども用ハーネスを使うことはいけないこと？ 36

- 8. 大人が目を離したすきにいなくなる ······ 37
- 9. 物を投げてしまう ······ 39
- 10. 物を興味本位で壊してしまう ······ 41
- 11. 保育者の指示に反抗する ······ 43
- 12. 乱暴な言葉を使う ······ 45
- 13. 本人は気が付いていないが、友だちにぶつかっている ······ 47
- 14. 急に過去のことを思い出して怒る ······ 49
- 15. 一番に終えたいために、活動の内容が雑になる ······ 51
- 16. クラスの活動を乱す ······ 53

Column
クラスの子どもの前での叱り方 ······ 55

＋Point
「なぜ？」「どうして？」はNGワード ······ 56

第3章 ADHD〈不注意型〉の子どもの保育

1 ADHD〈不注意型〉の子どもへの対応の基本 ······ 58
2 ADHD〈不注意型〉の子どもへの具体的な対応 ······ 61
- 1. 先生が話をしている途中でぼーっとする ······ 61
- 2. 着替えの途中で手が止まって進まない ······ 63
- 3. 指示されたことを途中で忘れてしまう ······ 65
- 4. 自由遊びのときにぼーっとしている ······ 67
- 5. 給食のときに、いつも最後まで食べている ······ 69
- 6. 家にもち帰るように指示しても、忘れることが多い ······ 71
- 7. いつも何かを探している ······ 73

Column
学齢期以降で多くみられる問題 ······ 75

＋Point
時間を示すための方法 ······ 76

第4章 ADHDの子どもをもつ保護者への支援

1　ADHDの子どもをもつ保護者への支援の基本 ……………………………… 78
2　保護者への支援の具体的な対応 ……………………………………………… 83
　　1．子どもの状態に目を向けない ……………………………………………… 83
　　2．保護者への子どもの特性の伝え方 ………………………………………… 87
　　3．保護者が子どもの状態に目を向けた際に、保育者がすべきこと ……… 91
　　4．保護者に医療機関への受診をうながす際の配慮と受診の流れ ………… 95
　　5．服薬に関する保護者の心配への対応 ……………………………………… 99
　　6．保護者に子どもの状態を伝えたら、
　　　　保護者が子どもを厳しく育てるようになってしまった ………………… 101
　　7．子どもが服薬した後に園ですべきこと …………………………………… 103

> **Column**
> 保護者自身（あるいは配偶者）が子どものころに
> わが子と同じ状態であったと言ってきた場合への対応 …………………… 104

第5章 周囲の子どもへの理解指導

1　ADHDの子どもに対する周囲の子どもへの理解指導 ……………………… 106
2　周囲の子どもへの具体的な対応 ……………………………………………… 109
　　1．たたかれた子どもへの対応 ………………………………………………… 109
　　2．保育者にほめられたくて、ADHDの子どもの問題行動を
　　　　告げ口してくる子どもへの対応 …………………………………………… 111
　　3．ぼーっとして進まない子どもに、率先して手伝ってしまう子どもへの対応 … 113
　　4．ADHDの子どもだけ「やらなくてずるい」と言う子どもへの対応 …… 115
　　5．暴力をふるう子どもを「怖い」と言う子どもへの対応 ………………… 117

> **Column**
> 加配保育者とクラス担任の役割分担と連携 ………………………………… 119
> ADHDの子どもが登場する絵本を活用してみよう ………………………… 120

第 1 章

ADHDのある子どもの保育の基本

1 ADHDのある子どもとは

ADHDの子どもの特性に合った対応をしよう

　ADHDには、大きく「不注意」「多動性」「衝動性」の3つの特徴があります。これらの特徴があることによって、その子どもの年齢で当然できるはずと思われることができず、園での活動にも支障が起きる状態をいいます。これは、保護者の育て方が悪いためでも、子どもの努力不足のためでもありません。原因は、現在でも詳しく解明されていませんが、脳の一部がうまく働かないためであると考えられています。ADHDの子どもには、その子どもの特性に合った対応をすることが必要です。

ADHDの特徴

- ●不注意…気が散りやすく、集中力が持続しない
- ●多動性…落ち着きがなく、常に動き回っている
- ●衝動性…頭ではやってはいけないことがわかっているが、からだが動いてしまう

　ADHDの子どもは、上の3つの特徴がどの程度強く表れるかによって、その行動特徴が異なります。この本では、「多動性や衝動性が目立つ子ども」を〈衝動型の子ども〉、「不注意が目立つ子ども」を〈不注意型の子ども〉と表記します。なお、衝動型と不注意型の両方の特性がある子どもも多くいます。

衝動型の子どもにみられる問題

　衝動型の子どもは、落ち着きがなく、じっとしていることが苦手である傾向が強くあります。そのため、先生の話を座って聞いていなければならないときに、突然、話し始めたり、立ち歩いてしまったりします。特に、ふだんと違う活動をしていたり、刺激が多い場所にいたり、不慣れな場所にいるときに、より落ち着きがなくなります。

　感情のコントロールが苦手で、ちょっとしたことで大声を上げたり、友だちに手を上げてしまったりします。そのため、まわりから乱暴な子ども、先生の言うことを聞かない子どもなどとみられてしまいます。

　また、頭で考えるよりも先に身体が動いてしまうため、急に道路に飛び出してけがをしたり、まわりの子どもにぶつかってけがをさせてしまったりすることがよくあります。

不注意型の子どもに
みられる問題

　不注意型の子どもは、気が散りやすく、集中力が途切れやすいことが特徴です。そのため、着替え、歯みがき、給食などに非常に時間がかかります。先生が声をかければ進めることができますが、先生が声をかけなければ、ぼーっとしています。自分が好きな活動には集中して取り組めますが、のめりこみ過ぎて、活動を切り替えることがむずかしいこともあります。

　また、ほかの人の話を聞いている途中で頭の中で空想をしてしまい、聞いていないことが多くあります。「先生の目を見て話を聞きなさい」と言われると、「目を見ること」に一生懸命になり、結果的に話を聞いていないことが多くなります。

　さらに、多くの選択肢から自由に選ぶことが苦手です。選択肢が多くなると、何を選んだらよいのかがわからなくなってしまうからです。そのため、自由遊びの際に、自分で遊びをみつけられず、ほかの子どもの遊びをぼーっと見て過ごしている子どもがいます。

ADHD の子どもに必要な支援

　ADHD の子どもは 3 〜 7 ％いるといわれています。30 人のクラスに 1 〜 2 人いる割合であり、決して少なくありません。ADHD があり、社会的に活躍している人は数多くいます。たとえば、芸能人やスポーツ選手で、自身が ADHD であることを公表している人がいます。また、トーマス・エジソンや J・F・ケネディといった著名人も ADHD だったのではないかといわれています。

　ADHD の子どもの生活しづらさを減らすためには、①ADHD の子ども自身の対人関係能力や社会性などを伸ばす、②生活しやすい環境を整える、③周囲が適切な対応をとることが必要です。それに加えて、子どもの状態によっては、薬物療法が効果を上げることがあります。これらによって、ADHD の子どもは成功する経験を積み、「やればできる」という自己肯定感をもつことができるのです。

こんな支援があれば……

衝動型のたけしくんの心の中をのぞいてみよう

　たけしくんは、じっとしていることが苦手です。先生がみんなに話をしているときに、いきなり立ち上がったり、ふらりと席を離れたりしてしまいます。先生が「たけしくん、座りなさい」と言うと、席に戻りますが、いすに座っていても、机の上に置いてあったクレヨンで遊びだしてしまいます。先生から、「たけしくん、先生の話を聞きなさい」とまた注意を受けます。まわりの友だちからは、クスクスと笑われてしまいます。

このとき、たけしくんはどう思っているのかな？

　先生が話しているときには、座っていなければいけない、最後まで聞かなくてはいけないと頭ではわかっているのに、気になる物が目に入るとつい動いてしまいます。

不注意型のゆみこちゃんの心の中をのぞいてみよう

ゆみこちゃんは、朝、ほかの子どもよりも早い時間に登園していますが、持ち物をロッカーにしまったり着替えたりするのに時間がかかり、後から来た子どもの方が先にすませて、遊んでいます。先生が声をかけたときは行動を起こすのですが、しばらくすると、やはりぼーっとしています。

このとき、ゆみこちゃんは何を考えているのかな？

「今日こそ早く着替えよう！」と思っているのですが、つい気がそれてしまい、気づいたときには周囲のみんなは着替え終わっています。

2 ADHDに併存しやすい障害や病気

複数の困難を抱えている子どもは多い

　ADHDの子どものなかには、ADHDだけでなく、自閉症スペクトラム（自閉症、アスペルガー障害を含む）、LD（学習障害、限局性学習症）といった発達障害の傾向を併せて抱えている子どもが多くいます。また、ADHDがあるために周囲の大人から叱られ続けて、やる気をもてなくなってしまったり、不安が強くなってしまい、精神的な病気にかかる子どももいます。

自閉症スペクトラム

　自閉症スペクトラムとは、①他者とコミュニケーションをとることが苦手である、②こだわりが強く、興味の範囲が限定されており、パニックを起こしやすいことが大きな特徴です。自閉症スペクトラムは、知的な発達に遅れがみられる場合には自閉症、知的な発達が目立たない場合にはアスペルガー障害と分けて考えることがあります。特に、幼児期には知的な発達の遅れがあるかどうかによって、対応が大きく変わるため、自閉症スペクトラムと1つにとらえないことのほうが多いです。

LDとは

　LDとは、日本語訳で「学習障害」「限局性学習症（障害）」などといわれています。知的な発達の遅れは目立たないのですが、聞く、話す、読む、書く、計算する、推論することのいずれか、またはいくつかがとても苦手である状態を指します。幼児期にはあまり目立たず、就学後の学習が始まってから明らかになっていくことが多いです。ADHDの子どもの約3割にはLDが併存しているといわれています。

ADHDではなく、遠視の場合がある

　保育活動で、座っていることができず、ふらふらしている子どものなかには、ADHDではなく、遠視のためにはっきりと物が見えていないケースがあります。遠視とは、遠くも近くもぼんやりとしか見えない状態です。近づいても離れてもはっきりと見えないために、結果的にじっとしていられないのです。子どもが遠くを見るときも近くを見るときも目を細めたり寄り目になっている場合には、念のために保護者に眼科の受診を勧めます。

3 ADHDの子どもに処方される薬

薬によって、子どもは生活しやすくなる

　ADHDの子どもは、ドーパミンという神経伝達物質が定型発達の子どもに比べて少ないことがわかっています。そのために、衝動的に行動したり、興奮状態がおさまらなかったりするのです。神経伝達物質を調整する薬を飲むことによって、ADHDの症状を抑えられることが報告されています。つまり、ADHDの子どもにとっては、薬を取り入れることによって生活のしやすさを手に入れられるのです。

保護者の不安を受け止めて

　薬を処方してもらうには、小児神経科か児童精神科を受診する必要があります。保護者にとっては、そもそも病院を受診することに高いハードルを感じます。それに加えて、薬を服用することは、「副作用はないのだろうか」「いつまで飲み続けなければならないのだろうか」などの不安があり、躊躇するケースが多くあります。

　まずは保護者の不安をしっかりと受け止めたうえで、現在の薬は副作用が少ないと言われていること、過去に薬を服用した子どもの例があれば、現在、どのような状態になっているのかなどを話すと、保護者は安心できます。

どんな薬？

　現在、日本ではADHDの子どもの症状を抑えるために、コンサータあるいはストラテラという薬が処方されています。ただし、どちらも6歳以上にならないと服用できません。コンサータは1日1回の服用です。服用すると、12時間程度、効果があるといわれています。朝に服用するケースが多く、この場合は夕方に薬の効果が薄れてきます。土日は服用させずに、自分の力でがまんをする練習をしている家庭もあります。ストラテラは朝夕の1日2回の服用です。効果を安定させるため、休みの日もふだんどおりに服用します。

　どちらの薬も、副作用は少ないといわれていますが、食欲不振になったり、頭痛や腹痛を起こす子どもがいます。服薬を始めたら、子どもの体調に変化がないかを園でも観察してください。また、服薬から2、3か月間は、子どもの状態をみて、医師が薬の量を調整します。そのため、子どもの体調はもちろん、行動面にどのような変化がみられたか（あるいは、みられなかったのか）を保護者に伝えるようにしてください。

4 不適切な対応が招く二次障害

叱りすぎが原因で二次障害が起こる

　ADHDの子どもは、先生や保護者から注意を受けていても、すぐにそれを忘れて、友だちをたたいたり、大声を上げたり、いすから立ち上がったりしてしまいます。それによって、先生や保護者から「何度も言っているのに、どうしてわからないの！」と叱られ続けることになります。子ども自身も、「今日こそはちゃんとやろう」と思っているのに、つい約束を守れなくなってしまいます。このことが続くと、子どもは「どうせ、自分にはできない」「ぼくは叱られてばかりでダメな子だ」と考えてしまうようになります。生きていく意欲がなくなっていく状態です。これを二次障害といいます。ADHDの子どもは、自己肯定感が低いことがよく指摘されています。ADHDの子どもをこのようにしてしまう原因は、保護者や先生などの周囲の大人の対応です。

反抗挑戦性障害を引き起こすケースも

　就学後のADHDの子どものなかには、目上の人に対して反抗的、拒絶的な態度をとる子どもがいることがわかっています。このような状態が長く続くと、反抗挑戦性障害と診断されることがあります。これも二次障害の1つです。反抗挑戦性障害になると、常にイライラしており、ちょっとしたことでかんしゃくを起こしたり、わざとルールを破ったり、先生や保護者に反発したりします。本人も日常生活を送るうえでさらに大きな困り感を抱くことになります。

「あなたはこうすればできる」と感じさせることが大切

　二次障害を抱えた子どもからは、「どうせ、ぼくは叱られてばっかりの子だ」などと「どうせ……」という発言が飛び出し、大人の話を聞こうとしなくなります。逆に、先生と保護者でよく相談し、子どもの特性に合った対応を考え、「あなたはこうすればできるよ」と伝えることによって、子どもは「どうせ……」と思わなくなります。決め手は、「自分はできる」という自己肯定感を子どものなかに育てることです。

5 就学に向けて、どのような情報を小学校と共有すべきか

要録作成、引き継ぎの時間をしっかりともつことが大切

　小学校との連携のために、指導要録や保育要録、こども要録（以下、「要録」）があります。要録に子どもの特性やこれまでの園での対応が細かく記されていると、就学後もスムーズに小学校教員が子どもの特性に合った対応をすることができるようになります。

　しかし、保護者がわが子の障害を受容していない場合に、要録の開示を保護者から求められることを恐れて、要録に子どもの状態を詳しく書けない場合があります。そのときは、就学前に小学校教員としっかりと引き継ぎの時間をもつことが重要です。また、就学の前だけでなく、日常的に園と小学校で交流したり、保育者と教員のつながりをもつことが大切です。教員と連絡をとれる関係を築いていると、子どもの情報を共有し、相談しやすくなります。

小学校教員に何を伝えたらいいの？

　まずは、子どもの特性および卒園の時点でどのようなことができて、何ができない（苦手である）のかを伝えることが必要です。それに加えて、3歳児、4歳児、5歳児と成長する際にそれらにどのような変化があったのか、どのような対応が効果があり、逆に効果がなかったのかが重要な情報になります。たとえば、「興奮しやすい」という特性があった場合に、年齢とともにおさまっていったのか、激しくなっていったのかという情報、「興奮し始めたら、静かな部屋にさりげなく連れて行く対応は効果があったが、叱るとパニックになってしまった」などの対応についての情報です。さらに、保護者の障害受容がどの程度進んでいるのか、保護者は家庭でどのように子どもに接しているのかなど、保護者についての情報があると、小学校教員が保護者と連携する際に非常に役に立ちます。

3歳未満の子どもに
落ち着きがない場合にも対応は必要か

　3歳未満の子どもの場合には、子どもに気になることがあったとしても、成長の個人差によるものか、あるいは障害に起因するものかを見極めにくいために、医療機関を受診しても診断がつかなかったり、「様子をみましょう」と言われたりするケースがあります。
　「じっとしていられない」「言葉による指示が通じにくい」などの問題を子どもに感じたら、診断の結果に関係なく、その子どもの困っている状況に応じた対応が必要です。成長にともなって、子どもの問題が目立たなくなることがあります。そのときには、子どもに対する支援をしたことがその子どもを伸ばしたのだと考えてください。

第 2 章

ADHD〈衝動型〉の子どもの保育

1 ADHD〈衝動型〉の子どもへの対応の基本

直前にルールを伝えて、子どもが少しでもできたらほめる

　衝動型の子どもはなかなかルールを守れません。ルールが決められていても、時間が経つと、ついそのルールを忘れてしまいます。そのため、活動に入る直前に、どのようなルールがあったのかを伝え、守るように子どもと約束します。昨日、約束したから、今日はもう言わなくても守れるだろう、と考えてはいけません。毎回、活動する直前にルールを子どもに思い出させるのです。

　活動に入り、短時間でもそのルールを子どもが守れていたら、大いにほめてください。言葉でほめる、絵カード（コミュニケーションを補助するためのイラストや写真）の○印を出してほめる、頭をなでるなど、さまざまな方法があります。最初はハードルをかなり低めに設定し、子どもが「そのルールならば守れる」と思えるようにします。

注意をひこうとするために
問題行動をしている場合には、スルーをする

　先生の注意をひこうとして問題行動をする子どもの場合には、基本的にその行動をスルーしてください。クラスで話をしているときに、子どもが調子に乗ってふざけ過ぎてしまう場合には、先生はその発言や行動に一切、反応をせず、静かな口調で「静かにします」とだけ伝えます。先生があわてたり、周りの子どもがはやし立てたりする状況になると、子どもは、自分が注目をあびていることを心地よいと感じて、その行動はなくなりません。

　ふざけている（不適切な行動をしている）ときには先生は反応してくれないけれども、静かにしている（適切な行動をする）とほめてくれることを、子どもが学習できたら、徐々に不適切な行動が減っていきます。

★ルールづくりの原則

①タイミングよくほめる
　子どもががんばった後にほめても、あまり効果がありません。子どもが今、まさにやろうとしているとき、がんばっているときにすかさずほめることが大切です。

②子どもが守りやすいルールにする
　最初から、子どもが「そんなこと、できない」と思うと、守ろうとしません。子ども自身が、そのルールならば守れると思えるレベルから始めます。

③ルールの数は最小限にする
　あれも、これもとよくばってしまうと、子どもはどのルールも守れなくなります。優先順位を決め、最小限のルールにしてください。ただし、決めたルールは徹底的に守らせ、子どもが守れたら大いにほめることを繰り返していきます。

2 ADHD〈衝動型〉の子どもへの具体的な対応

1. 友だちをたたいてしまう

CASE

たろうくんは、一斉活動で製作をしたり、運動遊びをしているときに、先生が目を離すと、すぐに近くにいる友だちをたたいたり、つついたりします。

先生は何度も注意していますが、いつも繰り返してしまいます。

? たろうくんにはどう対応したらよいでしょうか？
Aそれとも**B**？

なぜ、友だちをたたいたらいけないのかを説明し、二度としないようにきつく注意する

活動の前に友だちをたたかないことを約束させ、子どもが少しでもたたかなければほめる

活動直前に「たたかない」ことを子どもに意識させ、少しの時間からがまんできるようにうながそう

　「このときは友だちに手を出しそうだな」と思う活動の直前に、「たたかずにいられるよね」などと約束しておきます。活動が始まり、少しの時間でも子どもが友だちをたたかずに活動していれば、ほめてください。すぐに友だちをたたいてしまう子どもならば、最初は5秒間、たたかずにいられれば「よくがまんできたね」とほめてください。5秒間がまんできるようになれば、10秒、15秒、20秒と少しずつ時間をのばしていきます。

周囲の子どもの席との間を空けることも1つの方法

　自分のすぐ近くに友だちがいると、衝動的にその友だちをたたきたくなってしまう子どもの場合には、その子どもとまわりの子どもの席との間を空けるようにしましょう。そうすることで、その子どもは友だちをたたこうと思っても、物理的に手が届きません。先生から「たたきません！」と叱られることが少なくなります。

2. 座っていられない

CASE

先生が部屋でみんなに絵本を読んでいても、はなこちゃんは誰かが廊下を通ったり、園庭でほかのクラスの子どもたちが遊んでいる様子を見ると、廊下のほうまで出て行ったり、園庭に飛び出してしまいます。先生が声をかけると、いったんは元の場所に戻りますが、またすぐに気になったところに行ってしまいます。

? はなこちゃんにはどう対応したらよいでしょうか？ Ⓐそれともば？

廊下や外が見えないように、カーテンを閉める

補助の先生がはなこちゃんの身体をぎゅっとつかんで離さないようにする

座席は刺激の最も少ない前列に

　衝動型の子どもの多くは、注意力が散漫になりやすいです。そのため、ちょっとの刺激でも気になってしまい、「見に行きたい」という衝動が抑えられず、席に座っていられません。そこで、ほかの子どもの動きが目に入らないように、その子どもの席は前列の真ん中（できるだけ先生に近い場所）にしてください。また、廊下や窓のカーテンを閉め、外からの刺激をできる限り取り除き、その子どもが刺激に気を取られないようにします。

先生が話をする際の後ろの壁にも気を配って

　先生が子どもに話す場合には、どこに立つかが重要です。先生が話をする後ろの壁に、絵が貼ってあったり、おもちゃが見えたりすると、子どもはそちらに気が向いてしまい、触りたいという衝動から席を立ってしまいます。そのため、何も貼られていない壁の前で話をするようにしてください。ロッカーの前で話さなければならない場合には、ロッカーのカーテンを閉めておくことが必要です。

3. 順番を待つことができない

CASE

たろうくんは手を洗うときに、いつも横入りをして、友だちとトラブルになってしまいます。先生から注意されて並び直すのですが、その直後に、前の人を抜かして、自分がほかの人よりも先に使おうとしてしまいます。そのたびにけんかが起こってしまいます。

? たろうくんにはどう対応したらよいでしょうか？Ⓐそれともⓑ？

手洗い場の前に足型を描き、足型の上で順番を待つ練習をする

順番を抜かしたら、常に列の一番後ろに並び直すルールをつくる

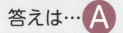
 手洗い場の前に足型を描き、足型の上で順番を待つ練習をする

短い時間から並ぶ練習をする

　手を洗うように指示されると、「手を洗う」ことしか頭にありません。そのため、ほかの子が並んでいても、蛇口しか目に入らず、ほかの子どもを抜かして前に行ってしまうことがあります。まずは、手洗い場の前に足型を描いておくなどして、並ぶ場所を意識させます。最初は、誰かが使用している後ろで待たせ、前の子どもが使い終わったら自分の番になるという練習をします。それができるようになったら、並び順を2番目、3番目と伸ばしていきます。

子どもが「これなら守れる」と思えるラインから始めよう

　衝動型の子どもにも、ルールを守らせることは大切です。しかし、はやる気持ちを抑えられない子どもに、いつも「順番を守りなさい」と叱るだけでは効果がありません。まずは、「この程度ならば、何とか順番を守れるかな」という最低ラインから順番を守る練習を始め、それができたらほめることを繰り返してください。先生がたくさんほめれば、子どもに「きちんと順番を守ろう」という気持ちがわいてきます。

4. 部屋を飛び出してしまう

CASE
はなこちゃんは、活動に飽きてしまったり、ちょっとでも嫌なことがあると、すぐに部屋を飛び出してしまいます。先生が追いかけてくると、追いかけっこを始めたように、うれしそうに逃げていきます。

**? はなこちゃんにはどう対応したらよいでしょうか？
ⒶそれともⒷ？**

子どもが部屋に入るまで、追いかけ続ける

部屋の中に自分の気持ちをコントロールする場所をつくる

部屋の中に自分の気持ちを
コントロールする場所をつくりましょう

　衝動型の子どもは、自分の気持ちをコントロールすることが苦手であるため、嫌なことがあるとその場から逃げ出そうとすることがあります。先生が追いかけてくれると、そのことが楽しくなり、「嫌なことがある→部屋を出る→先生と追いかけっこができる」という図式になり、いつまでたっても部屋から飛び出すことをやめません。子ども自身で自分の気持ちをコントロールする場所を部屋の中につくりましょう。

刺激の少ない空間のつくり方

　衝動型の子どもがイライラしたり、気分が高揚したときに、友だちが活動している姿が見えたり、友だちの声がすぐ近くで聞こえるなどの刺激が多い場所では、気持ちを抑えることができません。そのため、可動式の仕切りを使ったり、家電量販店などでもらった大きな段ボールを使ったり、一人用のテントを使ったりするなどして、子どもが一人で落ち着ける場所をつくってください。

5. 道路に飛び出してしまう

CASE
たろうくんは、自動車が大好きです。散歩のときに、先生や友だちと手をつないで歩くようにいわれていても、自分のお気に入りの車が通ると、先生や友だちの手を振りほどいて車を見に行ってしまいます。先日も急に車道に飛び出してしまい、危うく交通事故に遭うところでした。

? たろうくんにはどう対応したらよいでしょうか？
ⒶそれともⒷ？

子どもが飛び出したら、なぜそれが危険なことであるのかの理由をきちんと説明する

散歩の前に先生と子どもが手をつないでいる絵カードを見せて、手をつないで歩く約束をする

ANSWER

答えは…B

散歩の前に先生と子どもが手をつないでいる絵カードを見せて、手をつないで歩く約束をする

絵カードを用いて、手をつないで歩くことを意識させる

散歩に行く前に、絵カードを使って、先生と手をつないで歩くことを子どもに約束させます。最初は、5歩でも10歩でもその約束が守れたらほめるようにします。それができるようになったら、少しずつ歩く距離を伸ばして、ほめていきます。手を振りほどきそうになったら、すかさず絵カードを出して「先生と手をつないで歩きます」とうながし、手をつないで歩き始めれば、ほめることを繰り返してください。

子どもが興奮しない環境づくりをすることも大切

子どもが道路に飛び出した後に、なぜその行動がいけないのかを説明しても、ほとんど効果はありません。興味のある物が目の前を通れば、また飛び出してしまいます。散歩の際には、先生が壁となって、なるべく子どもの興味のある物が目に入らないようにします。また、信号待ちの際には、車道からなるべく離れた後ろのほうに並ばせたり、まわりに落ち着いた友だちを配置するなど、子どもが興奮しないようにする工夫が必要です。

6. 思いついたことを言ってしまう

はなこちゃんは、先生がみんなに話をしている最中に、突然、大きな声で話し始めてしまいます。先日も、先生がこれから行く散歩について話を始めると、はなこちゃんは「昨日ね、パパとママと電車に乗ってお出かけしたんだよ。ごはんを食べて……」と話し出してしまいました。先生が「今はお散歩の話をしているのよ」と注意すると、いったんは話をやめますが、またすぐに自分の思いついたことを話し始めます。

**はなこちゃんにはどう対応したらよいでしょうか？
Ａそれとも Ｂ？**

クラスのみんなに対して「ごめんなさい」と謝らせる

今、誰が話をしていいかがわかるルールをつくる

話していい人はマイクをもつルールを

　みんなで話をしているときには、誰が話していいのかがわかる手がかりが必要です。そうしないと、先生が話した言葉から連想したことを、ついがまんできずに話してしまうのです。たとえば、マイクを持っている人は話してもいい、立っている人だけが話してもいい（話してはいけない人は先生も含めて座る）などのルールを決めると、今はがまんしなくてはいけないときなのか、話していいときなのかがわかりやすくなります。

「話しません」「○」のカードを常に出せるようにしておく

　みんなで話をする場合、先生のポケットには、必ず「話しません」「○」のカードを入れておきます。みんなに話をする前に衝動型の子どもに話を聞くルール（マイクを持っている人しか話すことができない、など）を確認させます。短時間でもルールを守っていたら、「○」のカードを子どもに見せてほめます（うなずくだけでもいいです）。子どもが話し始めてしまったら、「話しません」のカードを見せて、ルールを再度、確認させます。

7. 興奮しやすく、おさまらない

CASE

たろうくんは、仲良しの友だちと遊んでいると、楽しくなってしまい、興奮状態になります。友だちは、しばらくすると落ち着いて行動できるのですが、たろうくんだけはいつまでたっても興奮状態から戻らず、ケラケラと笑い続けています。そのときには、先生が何を言ってもたろうくんの耳に届きません。

？ たろうくんにはどう対応したらよいでしょうか？ Ⓐそれとも Ⓑ？

子どもに、今はふざける時間ではないことを意識させるために、強く叱る

子どもが興奮し始めたら、さりげなくその場から子どもを遠ざける

はじめから興奮させすぎないことが大切

　衝動型の子どもの興奮状態がピークになってから、その興奮を冷ますことはとても難しいです。ほかの子どもが落ちついた状態になっても、一人だけ興奮したままです。そのため、この子どもが興奮する前に落ち着かせる必要があります。「ちょっと興奮してきたな」と感じたら、先生のお手伝いを頼むなどして、その場から離れるようにすると、その子どもは興奮しすぎずに生活できます。

興奮しているときには、刺激の少ない場所へ

　興奮状態の子どもに何を伝えても、まったく耳に届きません。また、その子どもが落ち着いてから、興奮状態のときの話をしても、おぼえていません。子どもが興奮しすぎてしまったときには、叱るのではなく、刺激が少ない場所（自分専用の空間がない場合には、部屋の隅で壁と向き合うことでもいいです）に連れていき、興奮がおさまるまでそっとしておいてください。

クレヨンしんちゃんを見て
興奮する子ども

　クレヨンしんちゃんは、子どもに人気のあるアニメです。そのなかには、しんちゃんがお尻を出したり、まわりの子どもや大人たちにちょっかいを出したりするという「いたずら」がたくさん出てきます。しんちゃんは自分と同じような生活のなかで、次から次へと奇想天外ないたずらをするので、子どもは興味をもって見ます。

　定型発達の子どもの場合は、クレヨンしんちゃんを笑って見ているだけです。

　しかし、衝動型の傾向のある子どもは「しんちゃんのまねをしたらどうなるか」を考えることなく、まねをしてしまったり、興奮が高まってしまいます。クレヨンしんちゃんを見て興奮する子どもは、「配慮を必要とする子どもかもしれない」という視点で子どもを観察してみてください。

子ども用ハーネスを使うことは
いけないこと？

　衝動型の子どもは散歩の最中に、気になる物が視界に入ると、急に道路に飛び出してしまうことがあります。いくら先生と手をつなぐように約束しても、子どもは先生の手をふりほどいて飛び出してしまうことがあります。また、感覚過敏があり、先生と手をつなぐことを嫌がる子どももいます。
　そのようなときに、子ども用ハーネス（散歩ヒモ）を用いることは1つの方法です。もちろん、ハーネスを使うだけでなく、子どもの手をしっかりとつなぐことが大切です。「保育技術が未熟だと思われないだろうか」「子どもをしっかりと見ていないと受け取られるのではないか」と、使うことに抵抗感をもつ先生が多いのですが、子どもの命を守るためには大切な道具であると考えてください。

第2章　ADHD〈衝動型〉の子どもの保育

8. 大人が目を離したすきにいなくなる

CASE

はなこちゃんはいつも、ちょこちょこと動き回ります。園庭で自由遊びをしているときには、砂場で遊んでいたかと思えば、すべり台のほうへ、次はジャングルジムへと遊びの場がどんどん変わっていきます。園のなかならばまだいいのですが、園外保育で大きな公園に遊びに行くと、どこに行ったのかがわからなくなり、ひやりとしてしまいます。

 はなこちゃんにはどう対応したらよいでしょうか？
Ⓐそれともⓑ？

はなこちゃんの帽子に目印をつけ、保育者全員で目を配る

はなこちゃんのそばに常に保育者がつき、はなこちゃんがあちこちに行かないように見張る

園全体で子どもの安全を見守ろう

　かたときもじっとしていない子どもに「この場所にいなさい」と伝えても、効果はありません。また、担任の先生がいつもその子どものそばについて、見張っているわけにもいきません。園の先生全員で、その子どもの安全を見守る体制をつくってください。そのためには、その子どもがどこにいるのかがほかの先生にもぱっと見てわかるようにすることが必要です。帽子にリボンをつけておく、帽子の色をほかの子どもと変えるなどの工夫をしましょう。

子どもへの対応も統一を

　子どもが部屋からいなくなり、ほかの部屋や廊下にいたりする場合にも、園全体で対応するようにします。たとえば、自分のクラス以外の子どもが部屋に来て、遊んでいる場合には、「今、○○ちゃんは○○組にいます」とその子どもの担任の先生に連絡するという具合です。また、どのタイミングで部屋に戻るようにうながすかについても、園全体で話し合って決めておいてください。

9. 物を投げてしまう

CASE
たろうくんは、遊んでいるときに自分の思いどおりにならないことがあると、遊んでいたおもちゃを友だちに投げつけてしまうことがあります。先生が何度も「おもちゃを投げてはいけない」と注意していますが、いっこうに直りません。

**? たろうくんにはどう対応したらよいでしょうか？
Ⓐそれともえ？**

なぜおもちゃを投げてはいけないのかをしっかりと説明する

嫌なことがあったら、物を投げる代わりに、別の方法で気持ちをおさめる練習をする

気持ちのおさめ方を考えよう

衝動型の子どもは気持ちのコントロールが苦手です。頭では、「物を投げてはいけない」ことはわかっていても、イライラするとつい、やってしまうことがあります。そこで、イライラして物を投げたくなったときには、お気に入りのぬいぐるみを抱きしめる、先生に報告に行って自分の気持ちを聞いてもらうなど、どうしたら気持ちをおさめられるかを先生と一緒に考え、練習をします。

気持ちのおさめ方もスモールステップで変化させよう

気持ちのおさめ方も、スモールステップで変化させていくことができます。お気に入りのぬいぐるみを抱きしめて気持ちをおさめられるようになったら、次は子どもから見える位置にぬいぐるみを置き、心の中で抱きしめてがまんするようにうながします。それができるようになったら、ぬいぐるみをカーテンの奥に置き、ぬいぐるみが見えなくても、がまんするようにうながすのです。これによって、実際にぬいぐるみが手元になくてもがまんできるようになります。

10. 物を興味本位で壊してしまう

CASE

はなこちゃんは、よくいえば好奇心が旺盛で、「このおもちゃはどうして動くのだろう」「時計の中身はどうなっているのかな」と思うと、すぐに分解してしまいます。ドライバーでていねいにふたを開けて分解するのではなく、ふたを割ったり、床に落としたりして、力づくで中身を見ようとするので、決してもとどおりにはなりません。園のおもちゃがいくつ壊されたかわかりません。

? はなこちゃんにはどう対応したらよいでしょうか？
Ⓐそれともℬ？

おもちゃを壊すと、もとどおりにならず、二度と遊べなくなることを言い聞かせる

中身が気になったら、先生のところにもっていくというルールをつくっておく

壊さなくても気持ちがおさまる方法をつくる

　なぜ壊したらいけないのか理由を説明しても、衝動型の子どもは自分の目の前にある物がどういう仕組みで動いているのかが気になってしまい、いても立ってもいられなくなります。中身が気になった場合には、自分で壊して確かめるのではなく、「先生のところにもっていく」というルールにします。子どもが先生のところにもってきたら、大いにほめるようにしてください。

好奇心に付き合い過ぎるのは逆効果に

　「中身はどうなっているのだろうか」と思う子どもの好奇心を満足させようと、先生が言葉で一生懸命に説明したり、子どもの代わりに分解して見せたりすると、逆効果になります。子どもは、その中身をより知りたくなり、先生のまねをして分解してしまったり、先生の言葉に出てきた部品はどうなっているのだろうかとよりいっそう興味を抱いてしまいます。子どもが中身を知りたがったら、「学校に行って、どうなっているのかを勉強したら、先生にも教えて」などと言って気持ちをそらしてください。

11. 保育者の指示に反抗する

たろうくんは、先生が「〜しなさい」と言っても、「もうちょっと待って」「あとでやる」と言って、なかなか取り組もうとしません。たろうくんには、それをやる能力があると先生は思うのですが、一度指示しただけでは、なかなか聞き入れません。園長先生の指示には従うので、人を見て行動しているようです。

 たろうくんにはどう対応したらよいでしょうか？
Ⓐそれともℬ？

最小限の約束をつくり、その約束をしっかりと守らせる

きびしく叱り、子どもに甘くみられないようにする

約束を守らせ、自己肯定感を高められるようにうながす

　衝動型の子どもは、「今、先生の指示を聞かないとどうなるか」「指示を聞いた後にどのような活動があるのか」など、この先の見通しをもって行動することが苦手です。また、思い込みで自分勝手に行動し、失敗することが多いため、自己肯定感が低いケースがあります。
　できるだけ指示の数を減らし、「これだけは守らせたい」という最小限の約束をつくり、その約束は徹底して守らせるようにしましょう。

子どもを感情的に叱ることは、逆効果

　指示を聞かない子どもに対して、先生は口やかましくなったり、声を荒立てたりすることがありますが、それは逆効果です。子どもはますます先生の指示を聞かなくなったり、先生の感情的な発言に反応して、子どもも感情的になったりします。また、より屁理屈を言うようになったりします。先生は、まず深呼吸をして、落ち着いた声で簡潔に指示をします。子どもが反抗している場合には反応せず、少しでもやろうとしたときには、大いにほめてください。

12. 乱暴な言葉を使う

CASE
はなこちゃんは、友だちと遊んでいるときに、自分の思いどおりにならないと、乱暴な言葉を使って相手を攻撃します。相手が泣き出しても、自分の気持ちがおさまらないために、激しい言葉を使い続けます。ときには先生に対しても暴言を吐くので、先生も気持ちが落ち込んでしまうことがあります。

? はなこちゃんにはどう対応したらよいでしょうか？ Ⓐそれともℬ？

自分が相手から同じように言われたらどのように感じるのかを考えさせる

相手に対して怒りを感じたら、先生に報告に来るようにする

イライラする環境から離れて、落ち着ける行動をとらせる

　衝動型の子どもは、イライラしたときに、なかなか自分の行動を抑えることができません。そのときに、相手に乱暴な言葉をつかってしまうことがよくあります。そのため、イライラしたら、先生に報告に来るようにうながしましょう。トラブルが生じそうな場面から物理的に離れるようにして、落ち着かせるのです。子どもが相手に乱暴な言葉をつかわずに、先生に報告に来ることができたら、たくさんほめてください。

相手の気持ちや表情を理解できない子どもがいる

　衝動型の子どものなかには、相手の気持ちや表情がわからない子どもがいます。そのため、いくら先生が「あなたがお友だちから、同じように言われたら嫌でしょ」と諭したところで、その子どもは相手の気持ちが理解できないため、何の効果もありません。「自分が言われて嫌なことは、相手も嫌だ」ということが伝わらないのです。

第2章　ADHD〈衝動型〉の子どもの保育

13. 本人は気が付いていないが、友だちにぶつかっている

クラスの子どもたちから「たろうくんがぶつかってきた」という報告が頻繁にあります。たろうくんに聞いてみると、「ぶつかっていない」と言います。たろうくんの行動を見てみると、たろうくんがどこかに行こうとするときにはまわりの友だちが視界に入っていないようで、本人には自覚がなく、友だちにぶつかったり、物を壊したりしているのです。

**? たろうくんにはどう対応したらよいでしょうか？
ⓐそれともⓑ？**

周囲をよく見て歩くようにうながす

子どもが行動する直前に先生が子どもの気持ちを落ち着かせる

子どもが行動を起こすよりも先に、気持ちを落ち着けられるようにうながそう

　衝動型の子どもは、「〜に行かなければ」と思うと、周囲を見渡すことなく、その場所に突進してしまい、まわりの子どもにぶつかることがあります。その際に、相手に謝るようにうながしても、本人は自覚がないので、「自分はぶつかっていない」「悪くない」と言い張ります。そこで、子どもが行動を起こす直前に先生がギュッと抱きしめ、気持ちを落ち着かせてから行動させてください。

遊びのなかで、ゆっくりと歩く方法を教える

　ゆっくりと歩くための練習として、「忍者になりきる」方法があります。忍者になりきる遊びの1つとして、日ごろから、まわりをよく見て、足音を立てずに歩くようにうながしていくのです。子どもが少しでもまわりを見て歩いたらほめる、ゆっくり歩いたらほめることを繰り返します。これが定着すれば、「今から、忍者になって静かに行くよ」という先生の声かけで、周囲を見ながら歩けるようになります。

14. 急に過去のことを思い出して怒る

はなこちゃんは、昨日、友だちとクラスに置いてあるおもちゃを取り合ってけんかをしました。そのときは、はなこちゃんが大泣きしたので、何となくけんかが終わりましたが、1日が経って、急にはなこちゃんが「あやちゃんがおもちゃを貸してくれない！」と言って、怒っています。その日は、朝からはなこちゃんとあやちゃんは一緒に遊んでおらず、はなこちゃんが怒っていても、あやちゃんは何のことを言われているのかがわからず、ポカンとしています。

**はなこちゃんにはどう対応したらよいでしょうか？
Ⓐそれともℬ？**

すでに終わったことであると説明し、子どもに怒りをがまんさせる

許される方法で怒りを解消させる

ANSWER

答えは…B

☀ 許される方法で怒りを解消させる

許される方法で怒りをコントロールできるようにうながそう

衝動型の子どもは、過去に強烈な怒りを感じた出来事があると、何かのきっかけで思い出し、今、その出来事が起きているかのように怒りだしてしまうことがあります。「それは、終わったことでしょ」と諭しても、何の効果もありません。自分のなかの怒りを許される方法（ぬいぐるみを抱きしめる、園庭を走ってくるなど）で解消しなければ、常に思い出して、怒りを爆発させることになってしまいます。

怒りをがまんしたら発散できるようにうながそう

衝動型の子どもに怒りをがまんさせるだけでは、その場ではしずまっても、すぐに怒りが生じた出来事を思い出して、かんしゃくを起こしてしまいます。子どもに怒りをがまんさせることも必要ですが、がまんできたら、先生はその子どもを大いにほめるとともに、子どもの怒りのエネルギーを許される方法で発散させてあげてください。

15. 一番に終えたいために、活動の内容が雑になる

CASE

たろうくんは、活動の際には誰よりも早く終わらせようとするので、内容が雑になってしまいます。先日、自分の顔を描くという活動をしたときにも、顔の輪郭、目、鼻、口はかろうじて描かれていましたが、髪の毛が描かれていません。「たろうくんには髪の毛があるでしょ？」と描きなおすようにうながすと、黒い線を2本描いただけで、「終わった」と持ってきます。何度、描きなおすように言っても、髪の毛が1、2本増えるだけです。

? たろうくんにはどう対応したらよいでしょうか？ Ⓐそれともだ？

どんなに早く終えたくても、最後までていねいにやることが大切であると説明する

早く終えて先生にほめられたかった子どもの気持ちを受け止める

ANSWER

答えは…B

早く終えて先生にほめられたかった子どもの気持ちを受け止める

子どもの気持ちを受け止め、気持ちに余裕をもたせよう

「早く終える＝よいこと」という図式ができている子どもに、「どんなに早く終えたくても、最後までていねいにやることが大切です」と説明しても、「早く終えなくては」という気持ちが強いため、ていねいにやることができません。まずは、「早く終えようとがんばったのね」と子どもの気持ちを代弁し、受け止めてください。自分の気持ちを受け止めてもらったことがわかると、気持ちに余裕ができ、「ていねいにやること」を受け入れられるようになります。

早さ以外のことにも価値をおく

ふだんの保育で、先生が早くできた子どもだけをほめていると、子どもは「早くできること」だけが価値のあることと考えてしまいます。日常的に、「ていねいにできたこと」「たくさんの色を使ったこと」「一生懸命に友だちを応援したこと」など、早さ以外のことにも価値をおいて、子どもたちをほめるようにしてください。

16. クラスの活動を乱す

CASE

はなこちゃんは、座って静かに活動する場面で、すぐに立ち上がったり、発言をしてしまいます。はなこちゃんを見て、クラスのほかの子どもも落ち着きがなくなってしまい、クラス運営がうまくいきません。ほかの子どもに影響がでないようにと考え、はなこちゃんを一番後ろの席にしました。すると、はなこちゃんは部屋を出ていってしまうことが増え、それに気づいた子どもも一緒に部屋から出てしまうようになりました。

? はなこちゃんにはどう対応したらよいでしょうか？ A それとも B ?

座席を一番前の真ん中にする

ほかの子どもに影響を与えないように、ほかの子どもの視界に入らない場所に座らせる

衝動型の子どもが落ち着ける環境をつくることが先決

　落ち着きのない子どもの様子をまわりの子どもが見て、つられてしまうことを心配し、その子どもを一番後ろに座らせているケースを多くみます。しかし、このような座席では、クラス全体が見渡せるために、衝動型の子どもはより落ち着きをなくします。刺激の最も少ない一番前の真ん中に座らせ、事前に静かにすること、立ち歩かないことを約束させ、短時間でも守れたらほめるようにします。

クラス全体の座席位置を考えてみよう

　落ち着きのない子どもが複数いる場合には、できるだけそれぞれが視界に入らないように座席を考えてください。落ち着きのない子どもは、ほかの落ち着きのない子どもを見ると、まねをして立ち上がったり、ふざけてしまうことがあります。また、衝動型の子どもの周囲には、できるだけ落ち着いた子どもを座らせるようにしてください。クラスの座席位置を工夫するだけで、全体が落ち着くことがよくあります。

クラスの子どもの前での叱り方

　衝動型の子どもが問題行動を起こしてから注意をしても、効果がありません。だからといって、手を出すなどの周囲の子どもが嫌がる行動をしてしまった場合には、注意をする必要があります。注意しなければ、まわりの子どもは、「あの子は叱られない」「あの子は許してもらえる」などと感じてしまうことになります。その場で、簡単に衝動型の子どもに注意します。まわりの子どもには、嫌だという気持ちを受け止めたうえで、衝動型の子どもが、どうしてそのような行動をとってしまったのかを代弁してください。また、後でその子を注意することも、クラスの子どもに伝えます。

「なぜ?」「どうして?」は NG ワード

　衝動型の子どもが起こす問題行動に対して、「なぜ?」「どうして?」と聞きたくなることでしょう。しかし、その質問は、子どもに嘘をつくことを学習させてしまいます。衝動型の子どもの問題行動の多くは、特に理由はなく、つい起こしているのです。
　しかし、理由を答えないと自分が叱られてしまうことを学習した子どもは、その場しのぎの、すぐにばれてしまうような嘘をつくようになります。子どもに理由を尋ねるのではなく、そのときにどうしたらよかったのかを子どもに具体的に教えていったり、その行動を子どもがしないような環境を整えることが大切です。

第 3 章

ADHD〈不注意型〉の子どもの保育

1 ADHD〈不注意型〉の子どもへの対応の基本

気が散らない環境をつくる

　不注意型の子どもは、「先生の話をしっかりと聞いていなくては」と思っていても、窓の外の動きが見えたり、まわりの子どもが話している声が聞こえたりすると、気が散ってしまって、無意識のうちにそちらに注意を向けています。結果的に、先生の話を聞けていない状況ができてしまいます。そのため、できるだけ、その子どもが集中できるように、窓やロッカーには無地のカーテンをかける、先生が話をする背景には、掲示物を貼らないようにする、その子の席を一番前の真ん中にして、ほかのことに気がとられないようにするなどの工夫が必要です。

子どもの注意がそれ始めたら、できるだけ早く呼び戻す

子どもの集中力を持続させようと、先生がいくら刺激を減らすように努力しても、不注意型の子どもは、何かのきっかけで、注意がそれてしまうことがあります。これは、本人が努力していても、なかなか改善されません。

「子どもが空想し始めたな」「ほかのことを考えて手が止まっているな」と感じたら、できるだけ早く、子どもの名前を呼び、注意を戻すようにしてください。子どもが元の活動に注意を戻すことができたら、すかさずほめます。「集中していないからいけないのよ」などと叱っても、何も効果はありません。

手順と終わりの時間を視覚的に示す

　集中力が途切れやすい不注意型の子どもは、最後まで物事をやり通す能力はあっても、気が散ってしまうと、自分がどこまでやったのか、次に何をするのかを忘れてしまい、結局、全部を終わらせるまでに時間がかかってしまいます。

　そこで、手順を細かくして、絵カードで示して貼っておきます。できれば、絵カードはマグネット式にしておき、できたところから順にはがしていくようにうながすと、子ども自身で、次に何をすればよいのかがわかるようになります。

　また、いつまでに終えなくてはならないか（時間）をあわせて示しておくと、その時間を目安に、がんばって終えようとしていきます。

2 ADHD〈不注意型〉の子どもへの具体的な対応

1. 先生が話をしている途中でぼーっとする

CASE

先生がみんなに話をしているときに、ちかちゃんは初めのうちは聞いているのですが、途中から上の空になっています。先生が注意をすると、話を聞こうとしますが、途中からまたぼーっとしています。

? ちかちゃんにはどう対応したらよいでしょうか？ A それとも B ?

集中して話を聞いていないと、話の内容が理解できないことを教える

ぼーっとし始めたら、子どもの名前を呼んで先生のほうに意識を戻させる

聞く気がないわけではありません

　不注意型の子どもは、先生の話を聞かなくてはいけないことはわかっていますが、何かの瞬間にふと頭の中に先生の話とは違うことが浮かんできて、空想の世界にふけってしまいます。決して「聞く気がない」わけではありません。不注意型の子どもは、自分の意思に反して気持ちがそれてしまいます。子どもがぼーっとし始めたら、先生はその子を叱るのではなく、さりげなく名前を呼んで、先生のほうに意識を戻すようにしてください。

集中して話を聞かなくてはいけない理由を伝えても意味がない

　前にも書きましたが、不注意型の子どもは、先生の話を聞かなくてはいけないことも、聞いていなければ内容を理解できないこともわかっています。自分自身でも、「今日はちゃんと話を聞こう」と思っていますが、できないのです。「聞く気がないのならば、聞かなくてもいいです」などと叱っても、不注意型の子どもは「自分はやろうとしてもできないから、ダメな子だ」と感じてしまい、自己肯定感をどんどん低めてしまいます。

2. 着替えの途中で手が止まって進まない

CASE

お昼寝の前にパジャマに着替える際に、けんたくんは毎日、みんなが着替え終わって、布団に入っていてもまだ着替えが終わりません。着替えている最中には、着替えが終わって遊んでいる友だちや布団を敷いている友だちをぼーっと見ていて、手が止まっています。急かすと、パジャマではなく、自分がさっき脱いだ洋服をもう一度着ていることがあります。

❓ けんたくんにはどう対応したらよいでしょうか？ Ⓐそれともつ？

まわりの友だちの様子を見て、今、自分が何をすべきなのかを考えられるようにうながす

刺激のない環境をつくり、そこで着替えるようにうながす

ANSWER

答えは… B

 刺激のない環境をつくり、そこで着替えるようにうながす

周囲を見て状況を判断することは苦手

　不注意型の子どもは、まわりの友だちを見て、今、自分は何をすべきかの状況判断をすることが苦手です。しかも、まわりに着替えている子、着替え終わって遊んでいる子、布団を敷いている子など、さまざまな動きをしている子がいると、誰の何を見てよいのかがわかりません。不注意型の子どもはまわりの刺激に影響を受けやすいため、ほかの子どもの動きが見えない環境をつくり、そこで着替えるようにうながします。

1つのことに注意を向けると別のことがおそろかになる

　不注意型の子どもは、注意の配分がうまくできません。1つのことに注意を向けていると、別のことがおろそかになってしまいます。特に、焦ってしまうと、ミスをしやすくなります。「着替えなくてはいけない」と思うと、「着替えること」だけに意識が向き、「何を着るのか」まで考えられないのです。

第3章　ADHD〈不注意型〉の子どもの保育

3. 指示されたことを途中で忘れてしまう

先生が、ロッカーの道具箱からクレヨンをもってくるように伝えると、ちかちゃんはロッカーまで行くのですが、そこで何をもってくればよかったのかがわからなくなり、道具箱の中に入っている物をあてずっぽうにもっていきます。決して、クレヨンという言葉がわからないわけではありません。

? ちかちゃんにはどう対応したらよいでしょうか？ Ⓐそれともな？

先生の話を聞くときには、先生の目を見るようにうながす

クレヨンの絵カードを子どもにもたせる

ANSWER

答えは… B

☀ クレヨンの絵カードを子どもにもたせる

思い出せるための視覚的な手がかりを用意しよう

　指示が理解できていても、少し時間が経つと、何を指示されたのか忘れてしまう子どもがいます。そのような子どもには、指示を忘れてしまったときに思い出すための手がかりを与えてください。子どもがロッカーの前まで行ったときに、手に持っている絵カードを見て、「クレヨンをもってくるのだった」と思い出せれば、自信をもって行動することができます。

目を見て話を聞くようにうながすことが逆効果になることもある

　先生の目を見て話を聞いていないから、子どもが指示を忘れてしまうと考える先生が多くいます。確かに、ほかのことをしていて、先生の話を聞いていないために指示を理解できていない場合には、子どもがやっていることをいったんやめさせて、先生の目を見て話を聞くことは有効です。しかし、不注意型の子どもに、目を見て話を聞くように伝えても、先生の目を見ることに集中し、結果的に指示が聞けなくなってしまいます。

4. 自由遊びのときにぼーっとしている

CASE
けんたくんは、自由遊びのときに、友だちから遊びに誘われるとそこに行って、同じように遊んでいますが、誘った子どもたちが場所を移動すると、その場に残り、ぼーっとあたりを眺めています。特に次の遊びを探そうとしません。ほかの子どもが遊びに誘うと、それをしますが、途中でぼーっとしています。

？ けんたくんにはどう対応したらよいでしょうか？ Ⓐそれともにっ？

子ども自身で遊びを見つけられるように見守る

遊びの選択肢を用意し、子どもに選ばせる

選択肢の数は徐々に増やして、広げていく

　不注意型の子どもは、自由に遊んでよいと言われると、何をして遊べばよいのかがわからず、結果的にぼーっと過ごしてしまうことがあります。子どもは、遊びを通して多くのことを学ぶため、しっかりと遊べなければ、学ぶチャンスを逃してしまいます。

　このタイプの子どもには、いくつかの選択肢を用意し選ばせるようにします。最初は少ない選択肢から始めて、徐々に選択肢の数を増やしていくようにします。

見守るだけでは、主体性は生まれない

　一般的には、子どもが自発的に遊びを見いだせるように見守ることが大切であるといわれています。しかし、不注意型の子どもでは、見守っているだけではいつまで経っても、ぼーっとした状態が続いてしまいます。最初は2つや3つの少ない選択肢のなかから主体的に選ぶ体験を繰り返し、徐々に数ある選択肢のなかから選べるようにうながしていくと、自分から考えて行動することができるようになります。

第3章　ADHD〈不注意型〉の子どもの保育

5. 給食のときに、いつも最後まで食べている

ちかちゃんは給食のときに、いつも最後まで残っています。食べ始めはみんなと同じですが、まわりの友だちが話しているのを手を止めたまま、ぼーっとしながら見ています。まわりの友だちは話をしながら給食を食べているので、さっさと食べ終えています。先生が名前を呼ぶと、ハッとして食べ始めるのですが、しばらくすると、またぼーっとしてしまいます。

? ちかちゃんにはどう対応したらよいでしょうか？ Ⓐそれともた？

友だちの話し声が耳に入らないように、一人遠く離れた場所に座らせる

定期的に声をかけて、給食を食べるようにうながす

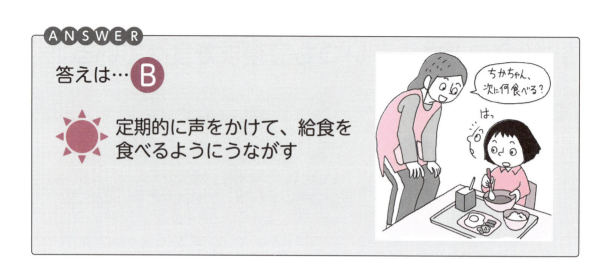

2つのことを同時に
行うことが苦手

　不注意型の子どもは、友だちの会話を聞きながらご飯を食べるなど、「〜しながら行動する」ことが苦手です。1つのことに意識を向けていると、ほかのことがおろそかになってしまうのです。食べる手が止まっていたら、名前を呼び、給食を食べていることに意識を戻してください。そのうえで、いつまでに給食を食べ終えなければならないのかを意識するようにうながしてください。

おどしたり叱ったりして
食べさせるのはNG

　「ちゃんと食べないと給食を片付けちゃうよ」「お友だちと席を離すよ」などと叱ったりおどしたりして給食を食べさせようとしていると、子どもは給食の時間が嫌になってしまいます。給食は就学後も毎日続きます。給食は叱られる時間、恐怖の時間であると子どもに感じさせてしまうと、園の生活、学校の生活が楽しくなくなってしまいます。

6. 家にもち帰るように指示しても、忘れることが多い

CASE

毎日、タオルと水筒を家にもち帰ることになっており、降園前に、全員にそのことを伝えていますが、けんたくんの物だけがいつも残っています。けんたくんは入園してから1年半が経っているので、毎日、タオルと水筒をもち帰ることはわかっているはずなのですが。

？ けんたくんにはどう対応したらよいでしょうか？ A それとも B ？

もち帰る物を描いた絵カードを見せて、とりにいくようにうながす

子どもが自分で考えられるように、手を貸さずに見守る

視覚的な手がかりがあると思い出しやすい

　不注意型の子どもが自分からもち帰る物を思い出すことはむずかしいため、思い出せるような手がかりを用意することが必要です。まずは、小さなホワイトボードにもち帰る物の絵カード（裏に磁石をつけておく）を貼（は）っておき、何をもって帰るのかを伝えます。それだけではとりにいけない子どもの場合には、もち帰る物の絵カードを子どもに手渡してとりにいくようにうながし、とりにいけたら、絵カードを先生に戻すようにします。

行動自体ができないのではなく、やることを思い出せない

　定型発達の子どもには、自分で気づき、行動を起こすことができるように、先生が手を出し過ぎずに見守ることが求められています。しかし、定型発達の子どもと同様に不注意型の子どもを見守っていても、自分から気づくことはむずかしいです。それが、毎日やることであっても、うながされないと自分からは思い出せません。行動自体ができないわけではないので、何をするのかを思い出せる手がかりを用意してください。

第 3 章　ADHD〈不注意型〉の子どもの保育

7. いつも何かを探している

CASE

ちかちゃんは、いつも「先生、○○がない」と訴えてきます。「お道具箱の中をもう一度見てごらん」などと、もう一度探すようにうながすと、すぐに「見たけれど、なかった」と言ってきます。先生が見に行くと、だいたいは、本人が探していた場所のすぐ近くにあります。目線を少しを動かせば見つけられると思うのですが。

? ちかちゃんにはどう対応したらよいでしょうか？ A それとも B ？

よく見て自分で探せるように注意をする

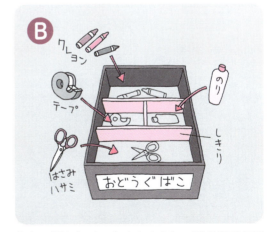

あとで探さなくてもすむように、置き場所を図示して、そこにしまうことを徹底させる

ANSWER
答えは…B

あとで探さなくてもすむように、置き場所を図示して、そこにしまうことを徹底させる

イラストを頼りに、どこに何をしまうかを覚えさせよう

　不注意型の子どもは、無意識に物を置き、あとになって「見つからない」と言って大騒ぎすることが多くあります。何をどこにしまうかを徹底させることが必要です。その場合に、置き場所を子どもに記憶させることはむずかしいです。そのため、イラストを用いて、どこに何を置けばよいのかが子どもにわかるように示してください。最初は、先生と一緒にその場所に置くことから始め、徐々にイラストを頼りに自分でしまえるようにうながします。

視界に入っているけれども、意識が向いていないために見えていない

　不注意型の子どもだけでなく、発達障害のある子どもは全般的に、物を探すことが苦手です。意識を向ける範囲が限定されているため、見えている範囲がとても狭いからです。たとえ目の前に探し物があっても、見つからないことがよくあります。置き場所が決まっていない物を子どもに探させるときには、「机の上」という漠然とした表現ではなく、「机の左の端っこのハートのマークがあるところ」などと、できるだけ具体的に伝えてください。

学齢期以降で多くみられる問題

　不注意型の子どもは、学齢期以降になると問題が目立つようになります。忘れ物が多い、授業中にぼーっとしてしまうために先生の話を聞きもらしてしまう、何をするにしてもクラスの友だちよりも時間がかかってしまう、友だちとの約束を忘れてすっぽかしてしまうなどといったことが起こってきます。

　算数のむずかしい文章問題は解けても単純な計算ミスをしたり、宿題を家でちゃんと仕上げていても次の日に学校にもっていくのを忘れたりするなど、本人のがんばりが報われず、自信を失ってしまう子どもが多くいます。特に、周囲の大人に特性を理解してもらえずに、「あの子はやる気がない」などと思われ、叱られ続けていると、子どもは二次障害に陥りやすくなります。

時間を示すための方法

　不注意型の子どもは時間の感覚がルーズです。そのため、いつまでに終えなくてはならないのかが、視覚的にわかる道具が必要です。砂時計やキッチンタイマー、タイムタイマーなどの残りの時間が目で見て確認できる物を使用するとよいでしょう。スマートフォンなどで残り時間がわかるアプリも開発されています。

　ただし、砂時計は、中に入っている砂に見とれて、行動を進められない子どもがいます。その場合には、砂時計以外の道具を使ってください。

第 4 章

ADHDの子どもをもつ保護者への支援

1 ADHDの子どもをもつ保護者への支援の基本

ADHD〈衝動型〉の子どもをもつ保護者の心理と支援の基本

子どもの問題行動ばかりを伝えては逆効果になる

　衝動型の子どもをもつ保護者の多くは、「子どもが片時もじっとしていない」「スーパーなどで走り回ってしまう」などの育てにくさを感じています。担任の先生から、「座っていなければならないときに立ち歩く」「友だちに手が出てしまう」などと指摘されると、「うちの子ならば、そうしてしまうだろう」と想像できますが、これ以上、自分の子どものよくないことを聞きたくないと考えるのが本音です。そのような状況で、子どもの状態を保護者にさらに知ってもらおうと、こんなこともある、あんなこともあると子どもの問題行動ばかりを伝えると、保護者はますます現実から目をそらしてしまいます。

育てにくさに共感するところから始めよう

　保護者自身も子育てに困難さや疲労を感じているケースが多いです。まずは、保護者がどのような育てにくさを感じているのかについて、先生がじっくり耳を傾け、ねぎらうことから始めてください。その後、行動力があることや活発に遊ぶことなど、その子どものよい面を伝えます。そのうえで、衝動的に行動してしまうことがあること、それが生活しづらい状況になっているのではないかと心配していることを保護者に相談します。ここで「できない」ことだけを伝えても、保護者は落ち込むだけで、子どもにどう対応すればよいのかがわかりません。先生が子どもに行った対応で効果があったものを紹介し、今後、園と家庭でどのように対応することが子どもにとって最適であるのかを話し合うようにしてください。

ADHD＜不注意型＞の子どもをもつ保護者の心理と支援の基本

「やればできる子」と思い、子どもの特性に気づきにくい

　幼児期の不注意型の子どもをもつ保護者は、「うちの子どもはちょっとのんびりしているけれど、やればできる子である」と考えているケースが多いです。実際に、不注意型の子どもは、一つひとつの動作は問題なくできます。しかし、いくつかの手順を踏んで行わなければならないときや気が散りやすい環境では、次に何をしたらよいのかがわからなくなったり、ほかのことに気を取られて最後までやり通すことができなかったりします。もちろん、状況によっては、問題なくできることもあります。

　そのため、保護者は、子どもの特性がそうさせているとは考えず、「やれる能力があるのに、やろうとしないのは、本人の努力不足だ」と思い、子どもを責めてしまうのです。

環境を整えれば、子どもが生活しやすくなることを伝えよう

　不注意型の子どもがうまく生活できないのは、環境が整っていないためであり、本人にやる気がないせいでも、がんばりが足りないせいでもないことを保護者にわかってもらう必要があります。このような子どもは、周囲の刺激を少なくしたり、次にすべきことをはっきりさせたり、注意力が途切れてきたら手元の課題に意識を戻したりというように、環境を整えてあげれば、もっている能力を発揮して、生活を送りやすくなるのです。

　子どもの失敗をやる気のせいにして叱り続けると、子どもはどんどん自信を失い、「自分はできない子なんだ」などと思ってしまいます。「こうすれば、うまくできる」と子どもが感じられるような環境をつくり、成功する体験を多くもたせることが大切です。

保護者がわが子の障害を受容するには時間がかかる

あせらずに保護者の気持ちによりそおう

　わが子にADHDの傾向があることを保護者が受容するには、下の図に書いたような多くの過程をたどります。しかも、子どもは落ち着いて行動できるようになったかと思えば、大人の言うことに反抗して、今までできていたこともやらなくなったりするなど、状態が進んだり後戻りすることを繰り返します。そのため、子どもの状態に合わせて、保護者も「うちの子はやはりADHDなのか」「いや、違うかもしれない」などと気持ちが揺れ動きます。保護者がわが子の障害を受容するには、時間がかかることを先生は十分に理解したうえで、焦らずに保護者に対応するようにしてください。

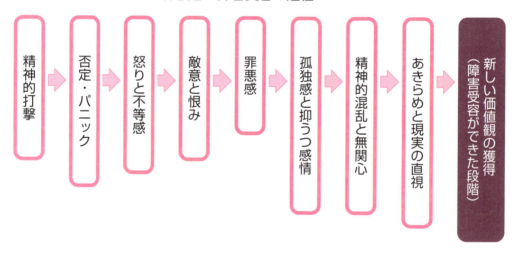

障害のある子どもをもつ保護者の障害受容の過程

精神的打撃 → 否定・パニック → 怒りと不等感 → 敵意と恨み → 罪悪感 → 孤独感と抑うつ感情 → 精神的混乱と無関心 → あきらめと現実の直視 → 新しい価値観の獲得（障害受容ができた段階）

第4章 ADHDの子どもをもつ保護者への支援

2 保護者への支援の具体的な対応

1. 子どもの状態に目を向けない

CASE

たかしくんは、一斉活動のときにいつも立ち歩いたり、周りの子どもにちょっかいを出したりします。そのことを何度か母親に伝えていますが、「家の中では落ち着いています」「男の子って、そんなもんですよね」と言って、あまり問題としてとらえていないようです。

? お母さんにはどのように対応したらよいでしょうか？ Ⓐそれともしら？

A
子どもの状態を知ってもらうために、気になる行動をできるだけ多くあげる

B
ありのままの子どもの状態を見てもらう機会をつくる

83

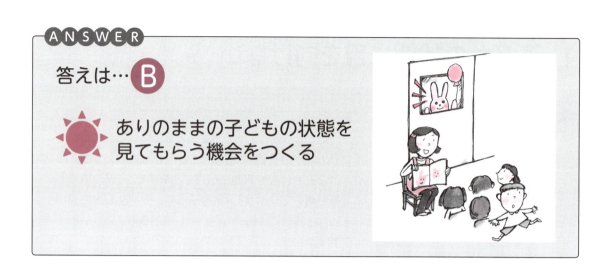

ANSWER

答えは… B

ありのままの子どもの状態を見てもらう機会をつくる

子どもに気づかれないように
保育中の子どもの様子を保護者に見てもらう

　家の中での子どもの姿と園での姿が違うのは当たり前です。園では、集団活動を行うために、家よりも刺激が多く、またルールを守ったり、がまんを求められたりする状況があります。そのため、ADHDの子どもにとっては、家庭よりも問題行動が現れやすいのです。

　家での姿も、もちろんその子の姿であることを認めながらも、集団活動になると、子どもが混乱して生活しにくくなってしまうことを保護者に気づいてもらう必要があります。そのためには、園での生活をありのままに保護者に見てもらうことが有効です。

　保護者が見ていることがわかると、ふだんとは違う様子になってしまう子どもがいます。それを避けるために、保護者が見ていることを子どもに気づかれないようにする必要があります。

ビデオカメラで撮影する際には、配慮が必要

　子どもの様子を保護者に知ってもらうために、部屋の中にビデオカメラを設置し、その映像を保護者に見てもらう方法があります。ただし、その際には、2点、配慮することがあります。

　まず、ビデオカメラで撮影していることを子どもに気づかれないようにする必要があります。撮影していることが子どもにわかると、子どもは日常の行動とは違う動きをすることがあります。

　2点目は、気になる子どもだけを撮らないことです。保護者にとっては自分の子どもが最初から気になる子どもだと決めつけられたと感じ、気分を害してしまいます。そのため、クラス全体を撮るようにして、「自分の保育を見直すために撮影した」と保護者には伝えます。そのうえで、子どもの行動が気になったことを話すようにしてください。

運動会、発表会では
ありのままの子どもの姿を見せる

運動会や発表会では、大勢の観客がいて、家族も期待しながら見ていることを考えると、できるだけうまくやらせてあげたいと考える先生は多いことでしょう。しかし、先生が必死にフォローして、何とか子どもが参加できた場合に、保護者は「今まで、ちょっと心配していたけれど、みんなと同じようにできているのだから、大丈夫」と安心してしまいます。その安心感が、子どもの状態から目を背けさせてしまうことになります。

「みんなの前で、できないのはかわいそう」と思う先生の気持ちはわかりますが、その子どもにとっては、今は保護者が子どもの状態に向き合えるようになることを優先した方が将来的によい結果になると割り切り、子どものありのままの姿を見てもらうようにしましょう。

2. 保護者への子どもの特性の伝え方

CASE

保護者に子どもの状態を説明する前に、巡回相談の専門家の先生に気になる子どもの様子を見てもらいました。その先生から「○○くんはADHDの傾向があるでしょう」と言われたので、保護者にも「専門家からADHDの傾向があると言われました」と伝えました。すると、保護者が「うちの子に障害があるというのですか？」と怒りだしてしまいました。

 この保護者にはどのように対応したらよかったでしょうか？
Ⓐそれともえ？

専門家が話したとおりに保護者に伝えて、わかってもらう

障害名を用いずに、子どもの状態を具体的に伝える

ANSWER

答えは… B

 障害名を用いずに、子どもの状態を具体的に伝える

障害名や専門家の言葉を
そのまま保護者に伝えることはNG

　「あの子にはADHD〈衝動型〉の傾向があるでしょう」と専門家が先生に伝えたとしても、専門家が発した言葉をそのまま保護者に伝えてはいけません。先生と保護者では、同じ専門家の言葉を聞いても、受け取り方がまったく違うからです。

　先生は、日ごろの子どもの行動と照らし合わせ、専門家の言葉が「腑に落ちた」と感じます。ショックを受ける先生もいますが、保護者の感じるショックとはレベルが異なります。これには、先生は発達障害に関してある程度の知識があること、過去にさまざまな特性のある子どもを受けもち、特性に合った対応をすれば伸びることを知っていることが背景にあります。専門家もそれをふまえて、先生には直接的な表現をします。

保護者に障害名を出して説明したり、専門家が「〜と言っていた」という発言をすると、保護者をさらに追い込んでしまい、先生への不信につながってしまいます。先生は、保育のなかで見られる子どもの言動を具体的にあげ、この点について心配していると話してください。保護者を追い込むのではなく、あくまでも支える立場をとることが大切です。

保護者に相談する姿勢で話す

　保護者に子どもの状態をわかってほしいために、「お子さんの状態はこうです」と突きつけるように話せば話すほど、保護者は先生の話をますます聞こうとしなくなってしまいます。
　保護者には、「先生は自分の味方であり、子どもを伸ばすためのよい対応を一緒に考えようとしてくれる人である」と感じさせることが必要です。そのためには、先生から保護者に相談するという姿勢で話をしてください。自分は子どもの状態を心配していて、何とかしてあげたい、自分の対応を変えていけばもっと子どもが保育活動を楽しめるはずであると考えていることを伝えます。家庭での保護者の対応を聞いたり、自分が今、取り組んでみようと考えていることについて保護者に相談し、意見をもらうことも有効です。
　先生が子どものために熱心に取り組んでくれようとしていることが保護者に伝わると、保護者も自分も子どもの状態に向き合わなくてはいけないと感じていきます。

あらかじめ話し合う時間を設けておく

　行事などで偶然に保護者と出会ったときに、子どもの問題についての相談を立ち話しでするのは、よくありません。保護者が忙しく、日ごろからなかなか子どものことを保護者に話す時間がとれない場合に、「このチャンスを逃してはいけない」と思って、保護者に話しかけようとする先生が多くいます。しかし、このような状況で保護者に話をすると、保護者は心の準備ができておらず、大きなショックを受けてしまいます。しかも先生の思いつきで話されたと受け取ってしまい、先生の態度を許せないと感じる保護者がいます。
　子どもの問題を話すときには、あらかじめ時間を設定しておき、何をどのような言葉で伝えればよいのかをよく考えておく必要があります。あらたまって時間が設定されると、保護者もそれなりに心の準備をしてきますし、先生も気持ちを落ち着かせて話すことができます。

3. 保護者が子どもの状態に目を向けた際に、保育者がすべきこと

CASE

みきちゃんは行事のたびに興奮して、うまく参加できなかったため、保護者は「うちの子は、ほかの子とは違うのですね」と言うようになりました。それまでは、行事の前に「みんなと同じようにやらなかったら、怒るからね」とみきちゃんを叱っていましたが、みきちゃんがわざと興奮しているわけではないことを知り、叱ることをやめました。しかし、そのほかにどうしてよいのかがわからず、とまどっているようです。

❓ このお母さんにはどのように対応したらよいでしょうか？ Ⓐそれともや Ⓑ？

保護者がわが子の状態を受け入れ、対応策を考えられるように見守る

これまでに園で実施して効果があった取り組みを紹介する

ANSWER

答えは…B

 これまでに園で実施して効果があった取り組みを紹介する

園と家庭の対応をできるだけ同じようにする

　保護者は、自分の子どもはほかの子どもと少し違うこと、育て方を工夫しなくてはいけないことを感じられるようになっても、実際にどのように子どもに対応したらよいのかがわからず、結果的に適切ではない対応をしてしまうことがあります。そこで、先生が園のなかで行った対応のうち、その子どもに効果があった方法を具体的に紹介してください。園での対応をそのまま家庭でも用いることができれば、まねをしてもらいます。家庭での独自の対応が必要な場合には、園で行った対応のなかで応用できる方法はないかを保護者と一緒に考えてください。子どもにとっても、園の対応と家庭での対応が同じであったり、やり方が似ていたりすると、混乱せずに生活することができます。

発達の見通しを伝えると保護者は安心できる

わが子の状態を受け入れられても、今後、どのように成長していくのかを心配する保護者は多いです。その場合に、先生が過去に担当した、似たような特性の子どもがどう成長しているのかを保護者に伝えると、保護者も将来を見すえて子どもに向き合うことができます。

たとえば、衝動性の強い子どもが、小学校の何年生ごろになると落ち着いてきたとか、薬を処方してもらうと、子どもにどのような変化があったのかなどを具体的に話すと、保護者は、「今は、落ち着きがなくて心配だけど、高学年になるころには変わるかな」「薬を処方してもらえれば、うちの子どもも楽になるかな」などと具体的に発達の見通しをもつことができます。先が見えずに、どう対応すればよいのかがわからなくて苦しんでいる保護者に、進む道筋を示すことができます。

先輩保護者に相談にのってもらうことは有効

　保護者はわが子の状態にようやく目を向けることができるようになっても、将来のことを考えると、不安をぬぐえません。また、子どもは成長とともに、できることが増えてくるので、「うちの子どもがADHDというのは、本当なのだろうか」と悩んでしまいます。
　そのような場合には、同じような特性の子どもをもった先輩保護者に相談に乗ってもらうことも１つの方法です。先輩保護者も、その保護者と同様に悩み、苦しんだ経験があります。悩んでいる保護者の気持ちに共感できるとともに、対応で困ったときに、こんなやり方があるよ、と具体的なアドバイスもできます。さらに、先輩保護者の子どもの現在の姿を話してもらうことによって、「あと数年したら、ここまで成長できるかな」とその保護者に感じてもらうことができます。先生は相談にのってくれる先輩保護者を紹介したり、その間に入ったりする役割を担ってください。

4. 保護者に医療機関への受診をうながす際の配慮と受診の流れ

CASE

あきらくんは衝動性が強く、感情のコントロールが苦手です。あきらくんの保護者も、自分の子どもが頻繁に友だちとトラブルを起こしたり、保育になかなか参加できないことに気づいてきました。そこで、医療機関の受診を勧めましたが、「病院に行かなくてはいけないのでしょうか」と言って、なかなか受診しようとはしません。勧めてから、半年以上が経ちますが、何も進展がありません。

 保護者にはどう対応したらよいでしょうか？
Ⓐそれともた Ⓑ？

医療機関に行くことを強く勧める

「念のために」受診することを勧める

ANSWER

答えは… B

 「念のために」受診することを勧める

受診によって、子どもの特性や最適な対応方法がわかることを強調する

　わが子の状態に気づき、子どものために何らかの対応をしなくてはいけないと考えていても、医療機関を受診することをためらう保護者は多くいます。子どもにはっきりとした診断名をつけてほしくない、うちの子どもには気になる点があっても病気や障害ではない、医療機関を受診するほどではない、などの思いです。

　保護者の気持ちを考えずに、強硬に医療機関を受診するように勧めると、保護者は先生の勧めを頑(かたく)なに拒んだり、「先生はうちの子どもを障害児と認定してほしいのだろう」と考えてしまったりします。保護者の気持ちを十分に受け止めつつ、念のために受診することを勧めてください。その際に、これまで受診した子どもに診断名がつかなかったことが何度もあること、受診によって子どもの特性をしっかりと調べてもらえること、それによって子どもに最も適した対応の仕方を見つけられること、薬を処方してもらえれば子どもがよい方向に変化する可能性があることを伝えます。

受診の際に
保育者が付き添うことがベスト

　わが子の特性を調べてもらいたいという思いがある反面、「問題がある」と思われたくないという気持ちをもつのが保護者の心情です。そのため、受診の際に、医師から子どもの日常生活について質問を受けると、あまりできていないことでも、つい「できます」と答えてしまいがちです。これでは、適正な判断をしてもらえません。

　そこで、受診の際には、できるだけ先生も同行し、園での様子を伝えるようにしてください。保護者には、自分も医師の話を聞いて、子どもの対応を勉強したいと話します。先生が同行できない場合には、園での子どもの様子をまとめておき、事前に医療機関に郵送やFAXで送付するか、保護者に持参してもらうようにします。

医療機関の情報を調べておくことが重要

　保護者に医療機関の受診を勧め、保護者が受診する気持ちになったときに、医療機関の情報をすぐに提示できるように、日ごろから情報を収集しておくことが大切です。どの医療機関の何科に行けばいいのか（小児神経科や児童精神科を掲げていることが多いです）、そこの予約はどのようにすればいいのか、予約をしたらどれくらいで診てもらえそうかなどについてです。保護者が自分でこれらのことを調べようと思っても、どこから調べてよいのかがわからず、途方にくれているうちに、どんどん受診する気持ちが薄らいでしまいます。また、子どもの状態を適正に診てくれる医療機関を選ばなかった場合に、子どもに発達障害の傾向があっても「問題はない」「様子を見ましょう」と言われてしまうことがあります。保護者は専門機関から「問題ない」と言われると、子どもの状態に目を向けることをやめ、障害受容を遅らせてしまうことになります。また、医師から言われる「様子を見ましょう」という言葉を保護者は「問題はない」と言われたととらえてしまいます。

第4章 ADHDの子どもをもつ保護者への支援

5. 服薬に関する保護者の心配への対応

CASE

衝動性が強く、自分の気持ちのコントロールがむずかしいあきらくんには、薬が効くのではないかと保護者に相談したところ、保護者は関心を示したものの、薬を飲むことに抵抗があり、「長く飲み続けなくてはいけないのであれば、子どもによくないのではないか」「子どもの人格を変えてしまうのではないか」と不安を感じ、拒絶されてしまいました。

 保護者にはどう対応したらよいでしょうか？
ⒶそれともⒷ？

いかに薬が子どもに効果があるのかを説明する

服薬している子どもの保護者に話を聞かせてもらう

不安に感じていることを1つずつ解消することが大切

　すでに卒園し、服薬して効果のあった子どもをもつ保護者に話を聞かせてもらう機会を設けるのが最も効果的です。薬によって、子どもにどんな変化があったのか、副作用はなかったのかなどを具体的に話してもらうことによって、保護者は薬に関してイメージをもちやすく、不安に感じていることを1つひとつ解消していくことができます。

インターネットサイトで、服薬している子どものケースを参考にしてもらう

　ADHDの子どもに処方される薬はどのようなもので、はたして効果があるのか、副作用はないのか、いつまで飲ませればいいのかなど、保護者には多くの不安があります。先生が薬について本やインターネットで一生懸命に調べて保護者に伝えても、保護者は実感をもつことができません。これまでに、薬を服用した子どもが園にいない場合には、ADHDの子どもをもつ保護者が服薬させた体験をつづったブログなどを見つけ、それを保護者に読んでもらう方法があります。

6. 保護者に子どもの状態を伝えたら、保護者が子どもを厳しく育てるようになってしまった

CASE

たかしくんは、じっとしていることが苦手で、座っていなくてはいけないときにも、すぐに立ち歩いてしまいます。そのことを保護者に伝えた日から、毎晩、夕食のときに1時間、いすに座る練習をしているようです。どうやら、ひもでしばって、いすから降りないようにしているようです。そのことがあって、たかしくんはクラスでいすに座って活動することをとても嫌がるようになり、前よりも立ち歩くことが多くなってしまいました。

**？ 保護者にはどう対応したらよいでしょうか？
ⒶそれともⒷ？**

無理をすると子どものためにならないことを伝える

母親の気が済むまでやらせる

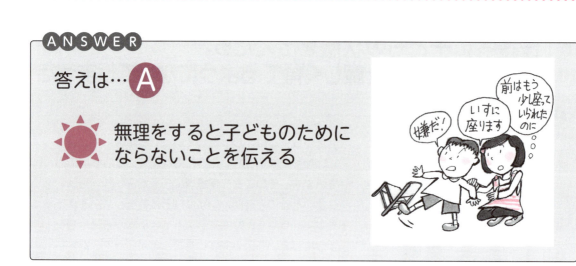

ANSWER
答えは…A

☀ 無理をすると子どものためにならないことを伝える

無理強むりじいをすると、子どもはこれまでできていたことすらやらなくなる

　子どもに苦手なことを練習させて、問題がないようにしてあげたいという保護者の気持ちから、厳しく育てたり、無理な特訓を子どもにさせてしまったりするケースがあります。それによって子どもは苦手なことを「できないから、やりたくない」とより強く感じるようになり、これまでできていたことすらやろうとしなくなります。保護者の気持ちに共感しつつ、無理強むりじいをすると子どもに逆効果になることを伝えます。

保護者の育て方によるものではないことを強調しよう

　子どもの問題を指摘されると、自分の育て方が悪いと批判されたととらえて、子どもに無理をさせてしまうケースがあります。この場合に、子どもの問題は、育て方によるものではないこと、子どもに合った対応を考えたり、環境を整えたりすることによって、子どもの問題が軽減されることをしっかりと伝えます。そのために、どのような対応をとればよいのかを保護者と一緒になって、考えるようにしてください。

7. 子どもが服薬した後に園ですべきこと

園での子どもの変化を観察することが大切

　薬の量は、子どもの体重や状態に合わせて、医師が調整していきます。特に服薬開始時や増量されたときに、食欲はいつもと同じか、眠そうにしていることはないか、頭痛や腹痛はないか、行動面でいつもと違うことはないかなど、子どもの変化によく注意して観察し、保護者に報告してください。
　なお、薬は朝だけ、あるいは朝晩に服用するため、園で飲ませることはありません。

保護者自身（あるいは配偶者）が子どものころにわが子と同じ状態であったと言ってきた場合への対応

　このような発言をする保護者は、自分あるいは配偶者が子どものころに同じ状態で、今、大人になって生活しているのだから、「うちの子どもは障害児ではない」という気持ちです。ただし、この保護者にも子どもと同じく発達障害の傾向があったと思われます。

　保護者には、ご両親の時代とは異なり、今はほかの子どもと違う行動をする子どもが目立ってしまい、集団から外れてしまうことがあること、そうすると子どもが園や学校の生活を楽しく過ごせないこと、子どもの特性に合った対応をすることによって、園や学校での生活を楽しめるようになることを強調してください。

第 5 章

周囲の子どもへの理解指導

1　ADHDの子どもに対する周囲の子どもへの理解指導

周囲の子どもの気持ちを受け止めることから始める

　衝動型の子どもは、無意識のうちに友だちにぶつかってしまったり、感情のコントロールができずに、つい友だちをたたいてしまったりすることがあります。このように、衝動型の子どもがまわりの子どもの嫌がる行動をしたときに、悪気があってしたわけではないことを、まわりの子どもに必死に伝えようとする先生がいます。

　しかし、まわりの子どもの気持ちを聞くことなく、衝動型の子どもの気持ちを伝えようとすると周囲の子どもはなかなか受け止めることができません。まずは、周囲の子どもが感じた「怖かった」「びっくりした」「痛かった」という気持ちを十分に受け止めたうえで、衝動型の子どもの気持ちを代弁してください。このワンクッションがあるだけで、まわりの子どもたちは、衝動型の子どもの気持ちを受け止めやすくなります。

接し方を具体的に伝える

　まわりの子どもは、衝動型の子ども、不注意型の子どもにどう接してよいのかがわからず、避けてしまったり、問題行動を厳しく注意してしまったり、手を焼き過ぎてしまったりすることがあります。それでは、ADHDの子どもと周りの子どもがよい人間関係をつくることができません。ADHDの子どもにどう接したらよいのかについては、具体的な場面でまわりの子どもに、「こう言ってごらん」「こうするとわかってもらえるかも」「このときは、〜するといいかな」などと伝え、先生が実際にやってみます。先生がしているやり方をまねて、まわりの子どもも適切なかかわり方がわかってきます。

苦手なことがある点は誰でも同じであることを伝える

　ADHDの子どもの苦手なことにまわりの子どもが気づき、「けんちゃんは嫌なことがあると、いつも暴れる子」「ちかちゃんは着替えが遅い子」などと指摘し、自分よりも能力が劣っている存在として見てしまうことがあります。

　このような発言が聞かれ始めたら、誰にでも苦手なことがあることをまわりの子どもに意識させます。たとえば、「先生は、走るのが苦手」などと先生自身が自分のことを伝え、まわりの子どもにも苦手なことがあることに気づかせます。そのうえで、苦手なことをまわりの人から「できていない」「おかしい」と言われたら、どういう気持ちになるのかを考えさせます。苦手なことをバカにされたり、笑われたりすると、誰もが嫌な気持ちになることを実感させてください。

2 周囲の子どもへの具体的な対応

1. たたかれた子どもへの対応

たけしくんは、友だちとトラブルがあるとすぐに友だちをたたいてしまいます。たけしくんには友だちをたたかないように教えていますが、たたかれたほうはいつも「たけしくんがたたいた」と訴えてきます。「たけしくんは、あのおもちゃを貸したくなかったみたいなの。許してあげて」と言っても、たたかれたほうは納得していないようです。

 たけしくんにたたかれた子どもにはどう対応すればよいでしょうか？　Aそれともb？

「たたかないで」と伝えるようにうながす

たたかれた子どもの気持ちを受け止める

ANSWER

答えは… B

 たたかれた子どもの気持ちを受け止める

たたかれた子どもの気持ちを言葉で表現する

相手がどのような気持ちでたたいたのかを伝えられても、自分がたたかれて嫌だったという気持ちを受け止めてもらえなければ、たたかれたほうの子どもは納得しません。まずは「たたかれて、びっくりしたのね」のように、たたかれた子どもの気持ちを言葉に表してください。気持ちがおさまってから、たたいた子どもがどうしてたたいてしまったのかを話してください。

子ども同士で解決させようとするのは難しい

先生たちも、衝動型の子どもが友だちをたたかないように指導することには手を焼いてしまいます。ましてや、子ども同士で遊んでいるときに、子どもだけで解決させようとするのは不可能です。「たけしくんに、たたかれる前に、『やめて』って言おうね」などと伝えても、衝動型の子どもはなかなか友だちの発言で行動をコントロールすることはできません。「『やめて』と言ったのに、たたいてきた」と訴えてくることになり、悪循環です。

2. 保育者にほめられたくて、ADHDの子どもの問題行動を告げ口してくる子どもへの対応

CASE

たけしくんは、クラスのなかでもトラブルや問題行動が目立ち、注意を受けることが多くあります。そのため、先生が見ていないところで問題行動を起こすと、すぐにまわりの子どもたちが「また、たけしくんが○○しているよ」と告げ口をしてきます。ほかの子どもができていないことでも、たけしくんができないと「たけしくんができていない」と、たけしくんのことだけ、報告してきます。

 告げ口をする子どもにはどう対応すればよいでしょうか？
ⒶそれともⒷ？

先生にほめてほしい気持ちがあることを理解し、大いにほめる

あまり強くほめないようにする

ANSWER

答えは… B

☀ あまり強くほめないようにする

先生がほめればほめるほど、細かいことで告げ口をしてくるようになる

　告げ口をする子どもを先生がほめていると、子どもたちはもっとほめてもらいたいという気持ちで、次から次へと告げ口をしてくることになります。ここは、強くほめることをせず、ADHDの子どもが起こした行動が特に問題にならないものであれば、先生が落ち着いて対応し、先生に報告しなくてもよかったことが伝わるようにしましょう。

子どもたちの前で叱りすぎていることが告げ口に拍車をかけている

　ADHDの子どもをクラスの子どもの前で叱りすぎていると、「あの子は悪いことをする子だ」というイメージがクラスの子どもたちに定着してしまい、クラスの子どもがADHDの子どもの行動1つひとつを細かく観察し、「先生に叱ってもらわなくては」という気持ちを起こすことになります。

3. ぼーっとして進まない子どもに、率先して手伝ってしまう子どもへの対応

CASE

ひろみちゃんは、いつも着替えや支度をしている最中にぼーっとまわりを見ていて、手が止まってしまいます。それを見たまわりの友だちが、「ひろみちゃん、私がタオルをかけてきてあげるね」「水筒をもっていくよ」などと手伝ってしまいます。まわりの子どもは、満足そうに手伝っています。

**? 手伝ってしまう子どもにはどう対応すればよいでしょうか？
Ⓐそれとも Ⓑ？**

手伝っている子どもの優しさをほめる

手伝ってしまう子どもに、ゆっくり行動する子どもを心の中で応援するように伝える

ANSWER

答えは…B

☀ 手伝ってしまう子どもに、ゆっくり行動する子どもを心の中で応援するように伝える

一方的な手伝いは、対等な友人関係をもてなくする

　ADHDの子どもができることまで、まわりの子どもが手伝っていると、ADHDの子どもは自分で行っていく力を養うことができません。また、まわりの子どもは、ADHDの子どもを手伝うことによって、自分が年長者になったように感じてしまい、対等な友人関係をもてなくなります。ADHDの子どもができることまでまわりの子どもが手伝おうとしていたら、「それはひろみちゃんが自分でできるから、心の中で"がんばれ"と応援していて」と伝えてください。

「友だちの手伝いをする＝優しい心が育っている」と考えてはダメ

　友だちの手伝いを率先してする子どもを見て、「困っている友だちを助けられる優しい心が育った」と感じている先生が多くいますが、注意が必要です。ADHDの子どもをあたかも年下の妹か弟のように考える子どもがいます。また、先生に「手伝ってくれて、優しいね」などとほめられたいためにしているケースが多くあります。先生がほめればほめるほど、まわりの子どもは不必要な手伝いをしてしまうことになります。

4. ADHDの子どもだけ「やらなくてずるい」と言う子どもへの対応

CASE

たけしくんはクラスの子どもと同じレベルまで、活動をやり遂げることがむずかしく、一部分しか参加していません。特に、運動会の練習はとても苦手で、ほとんど参加していません。それを見たクラスの子どもたちが「たけしくんだけ練習しないのは、ずるい」と言います。

**？「ずるい」と言う子どもにはどう対応すればよいでしょうか？
AそれともB？**

「たけしくんのことは気にしないでいいの」と言って、気をそらせる

「みんなと一緒にできるように、少しずつ練習しているところなの」と伝える

答えは… **B**

 「みんなと一緒にできるように、少しずつ練習しているところなの」と伝える

本人なりにがんばっているというニュアンスを出す

　ADHDの子どもは、みんなと一緒に活動に参加することが苦手だけれど、参加できるように少しずつ練習していることを伝えてください。つまり、ADHDの子どもは決して怠けているのではなく、「参加できるように努力している」過程にあり、本人なりにがんばっていることをクラスの子どもたちに伝えるのです。ADHDの子どもが少しでも参加できる時間が長くなれば、みんなの前でほめ、本人がんばっていることをまわりにも気づいてもらえるようにします。

先生自身を主語にして気持ちを伝える

　先生が「たけしくんも、少しずつ練習しているところなの」と伝えても、「がんばっていない」と言う子どももいることでしょう。その場合には、「先生は、そう感じなかったわ」「先生は、がんばっていたと思うよ」などと、先生自身が主語になる文章で、気持ちを伝えてください。ただし、先生の感情を押し付けることのないようにします。先生の気持ちを聞くことで、「たけしくんだって、がんばっているんだ」と考えるようになる子どもが多くいます。

5. 暴力をふるう子どもを「怖い」と言う子どもへの対応

CASE

あきらくんは、嫌なことがあるとすぐに友だちに手をあげてしまいます。あきらくんには、友だちをたたかないように指導し、かなり手を出す頻度は減りました。しかし、まわりの子どもにとっては、あきらくんがいつたたいてくるかがわからないため、「怖い」と言って一緒に遊びたがりません。

? 「怖い」と言う子どもにはどう対応すればよいでしょうか？ **A** それとも **B** ？

「一緒に遊びたくない」と言われるとあきらくんが傷つくことを伝える

一緒に遊ぶことに不安を感じた子どもの気持ちを受け止める

ANSWER

答えは…B

☀ 一緒に遊ぶことに不安を感じた子どもの気持ちを受け止める

一緒に遊ぶことを強要すると、先生の見ていないところで仲間はずれにしてしまう

　一緒に遊ぶことに不安を感じている子どもに、遊ぶことを強要すると、先生の前では遊ぶけれども、先生が見ていないところで、ADHDの子どもを仲間はずれにしてしまうことが起こってしまいます。まずは、不安に感じている子どもの気持ちに共感します。そのうえで、「もし、あきらくんがたたきそうになったら、先生に教えて」などと、どうしたらよいのかを伝えます。

先生がかかわり方の見本を見せる

　ADHDの子どもは面白い遊びを考えるので一緒に遊びたいと思っているけれども、たたかれるのが怖いと感じて、「一緒に遊ぼう」と話しかけることを躊躇(ちゅうちょ)している子どももいます。そのようなときには、先生が遊びに入り、ADHDの子どもを交えて、まわりの子どもが参加できるように誘ってください。先生がADHDの子どもに接している方法をまねて、まわりの子どもたちもかかわり方を学んでいきます。

加配保育者とクラス担任の役割分担と連携

　加配保育者がいる場合に、最も大切なのは、担任と加配保育者がADHDの子どもに対して、同じルールで対応することです。加配保育者は許可するけれど、担任はダメと言うなど統一がとれていないと、子どもは混乱します。どちらの先生も、「ダメなものはダメ」「ここまでは参加させる」「これができたらほめる」というルールを徹底してください。

　加配保育者はADHDの子どもの様子をよく見て、どこまでのことができるようになったのか、どの程度は活動に参加できそうなのかなどを担任に報告してください。その情報から、ルールはこのままでよいのか、どのように変える必要があるのかなどを担任と相談します。

ADHDの子どもが登場する絵本を活用してみよう

　障害のある人もない人も、ともに同じ社会で生活することを当たり前のこととして考えられるように導くことを障害理解指導といいます。その中でも幼児期には、世の中には自分と違う特性の人がいることに気づくことが重要な指導内容です。目が見えない人や車いすを使用している人、自分とは違う考え方や行動をする人がいることなどを知るのです。子どもは、知ることによって、親しみ（ファミリアリティ）をもつことができます。クラスにいるADHDの子どもとどのようにかかわれば一緒に遊べるのか、同じクラスの仲間として受け止められるのかを指導する一方で、ADHDの子どもが登場する絵本を子どもに読み聞かせることによって、そのような子どもが世の中にはいるということを伝えていくことができます。

現在、障害のある人が登場する絵本が数多く出版されています。そのなかに、ADHDの子どもが登場する絵本があります。これらの絵本は、ADHDの子どもがクラスの子どもと同じようにじっとしていられない様子や、そのときにADHDの子どもがどのようなことを考えていたのかなどが記されています。登場人物の気持ちを子どもに伝えることによって、じっとしていられない子どもを「みんなと同じように行動できないダメな子」ではなく、「みんなと同じように行動しようと思ってがんばっているけれども、なかなかうまくできない子」と感じられるようになります。

おすすめの絵本

『ボクはじっとできない』文　バーバラ・エシャム、絵　マイク＆カール・ゴードン、訳　品川裕香、岩崎書店

【あらすじ】
　小学校に通う主人公のデイヴィットは、授業中にじっとしていられずに、先生から注意を受けている。デイヴィットの両親が担任の先生に呼ばれることになり、デイヴィット自身でどうしたらじっとできるかを考え、「解決救急箱」をつくる。

【読み聞かせ方】
　じっとしていられない特性のある主人公の失敗した部分を強調するのではなく、主人公がみんなと同じようにやろうと努力していたこと、失敗して先生に叱られたときにどんな気持ちになっていたのかを振り返りながら伝えます。また、先生も子どものころに主人公と同じ状態であったことが記されています。やり方を工夫すれば、みんなと同じようにできるようになっていくことも併せて子どもに話してください。

　『ボクはじっとできない』は、本文にはADHDという言葉が使われていません。子ども自身が自分のことを「じっとできない病」と表現しています。ここで、「じっとできない病」だけがクローズアップされないように、「先生はかけっこが苦手だから、『かけっこが苦手病』よ」などと伝え、「じっとしていられないこと」は、誰もが抱えている苦手なことの1つであると子どもがとらえられるように導いてください。

　この他に、『ADHDってなあに？』（著　エレン・ワイナー、絵　テリー・ラバネリ、訳　高山恵子、明石書店）、『オチツケ　オチツケ　こうた　オチツケ』（作　さとうとしなお、絵　みやもとただお、岩崎書店）があります。これらの絵本も、ADHDの子どもの気持ちが紹介されていたり、ADHDとは何かをわかりやすく説明しています。この絵本は幼児が読むには少し言葉がむずかしいですが、先生が読むことによって、じっとしていられない子どもについて、どのような言葉でまわりの子どもに説明したらよいのかのヒントを得られると思います。

著者・監修者紹介

著者　水野 智美（みずの・ともみ）

筑波大学医学医療系准教授、博士（学術）、臨床心理士。
日常的に、全国の幼稚園、保育所、こども園を巡回し、気になる子どもへの対応やその保護者の支援について、保育者の相談に応じている。
著書に、『具体的な対応がわかる 気になる子の保育－発達障害を理解し、保育するために』（チャイルド本社）、『「うちの子、ちょっとヘン？」発達障害・気になる子どもを上手に育てる17章－親が変われば、子どもが変わる－』（福村出版）などがある。

監修者　徳田 克己（とくだ・かつみ）

筑波大学名誉教授、教育学博士、臨床心理士。子ども支援研究所　所長。
専門は子ども支援学、保育支援学、障害科学。全国の幼稚園、保育所、こども園を巡回して、保育者や保護者を対象とした講演・相談活動を行っている。
『具体的な対応がわかる 気になる子の保護者への支援』（チャイルド本社）、『知らないとトラブルになる！配慮の必要な保護者への支援』（学研教育みらい）など、著書多数。

こうすればうまくいく！ADHDのある子どもの保育
イラストですぐにわかる対応法

2017年 5 月15日　初　版　発　行
2024年10月10日　初版第 5 刷発行

著　者　　水野智美
監修者　　徳田克己
発行者　　荘村明彦
発行所　　中央法規出版株式会社
　　　　　〒110-0016　東京都台東区台東3-29-1　中央法規ビル
　　　　　TEL 03-6387-3196
　　　　　https://www.chuohoki.co.jp/

印刷・製本・本文デザイン　株式会社太洋社
装幀・本文デザイン　株式会社タクトデザイン事務所
カバーイラスト　タナカユリ
本文イラスト　堀江篤史、たかはさち

定価はカバーに表示してあります。
ISBN978-4-8058-5494-5
本書のコピー、スキャン、デジタル化等の無断複製は、著作権法上での例外を除き禁じられています。
また、本書を代行業者等の第三者に依頼してコピー、スキャン、デジタル化することは、たとえ個人や家庭内での利用であっても著作権法違反です。
落丁本・乱丁本はお取替えいたします。
本書の内容に関するご質問については、下記URLから「お問い合わせフォーム」にご入力いただきますようお願いいたします。
https://www.chuohoki.co.jp/contact/